Klaus Samac
Monika Prenner
Herbert Schwetz

Die Bachelorarbeit an der Pädagogischen Hochschule

Ein Lehr- und Lernbuch zur
Gestaltung wissenschaftlicher Arbeiten
in der Lehrerinnen- und Lehrerbildung

3., überarbeitete und erweiterte Auflage

facultas.wuv

Klaus Samac, Dipl.-Päd., Mag., Dr., Professor an der Kirchlichen Pädagogischen Hochschule Wien/Krems am Standort Campus Krems-Mitterau (klaus.samac@kphvie.ac.at)

Monika Prenner, Dipl.-Päd., Mag., Dr., Professorin an der Pädagogischen Hochschule für Niederösterreich (monika.prenner@ph-noe.ac.at)

Herbert Schwetz, Univ. Doz., Mag., Dr., Professor an den Pädagogischen Hochschulen in der Steiermark und Dozent am Fachbereich für Erziehungswissenschaft der Universität Salzburg (hschwetz@inode.at)

Bibliografische Information der Deutschen Nationalbibliothek

Die Deutsche Nationalbibliothek verzeichnet diese Publikation in der Deutschen Nationalbibliografie; detaillierte bibliografische Daten sind im Internet über http://dnb.d-nb.de abrufbar.

3. Auflage 2014

facultas.wuv Universitätsverlag, Stolberggasse 26, 1050 Wien, Österreich

Einbandgestaltung: Facultas Verlags- und Buchhandels AG
Druck: finidr
Printed in Czech Republic
ISBN 978-3-7089-0997-4

ZUM GELEIT

Die mit dem Hochschulgesetz 2005 eingeleitete Angleichung des Ausbildungssystems der Pflichtschullehrerinnen und Pflichtschullehrer an die erste Stufe der Bologna-Klassifikation führte in den letzten Jahren zu einer enormen Steigerung der wissenschaftlichen Aktivitäten an den Pädagogischen Hochschulen. Im Zentrum dieser „neuen Wissenschaftlichkeit" steht die Bachelorarbeit als theoretisch fundierte und schulpraktisch angebundene Abschlussarbeit. Diese gibt den Studierenden die Möglichkeit, eine selbstgewählte und berufsrelevante Forschungsfrage nach wissenschaftlichen Gesichtspunkten zu bearbeiten und so ein Werk zu produzieren, dessen Bedeutung über das eigentliche Studium hinausgeht. Um diese Form der inhaltlichen Nachhaltigkeit auch wirklich zu erreichen, ist es jedoch notwendig, dass bei den Bachelorarbeiten entsprechende Qualitätsstandards entwickelt und eingehalten werden. Aus diesem Grund ist das vorliegende Lehr- und Lernbuch nicht nur eine wichtige Ressource für angehende Lehrerinnen und Lehrer, sondern auch ein zentraler Ankerpunkt für die Weiterentwicklung der Pädagogischen Hochschulen. Ich wünsche dem Buch und seinen beiden Autoren sowie seiner Autorin breite Rezeption an Österreichs Pädagogischen Hochschulen und darüber hinaus.

Wien, im Frühjahr 2011 — *Univ.-Prof. Dr. Michael G. Wagner, MBA*
Rektor der Kirchlichen Pädagogischen Hochschule Wien/Krems

Die österreichische Pflichtschullehrerausbildung hatte in ganz Europa hinsichtlich ihrer Qualität einen guten Namen. Hinsichtlich des Status lagen die Pädagogischen Akademien jedoch lange Zeit im Schlussfeld der europäischen Hochschullandschaft. Daher war die Einführung des akademischen Abschlusses „Bachelor" im Rahmen des Hochschulgesetzes auch ein wichtiges Signal der Statusanhebung. Damit dieser neue Titel nicht nur die Auswechslung eines Namensschildes bedeutet, müssen die Bachelorarbeiten mit „wissenschaftlichem Gehalt" gefüllt werden. Ein Lehr- und Lernbuch – damit wird auch die wichtige Kooperation zwischen Lehrenden und Lernenden signalisiert – stellt eine unverzichtbare Hilfe für die Realisierung wissenschaftlicher Qualität in diesen Arbeiten dar. Die Pädagogischen Hochschulen werden hinsichtlich ihrer Zugehörigkeit zum „Europäischen Hochschulraum" neben der verstärkten Einbindung von Forschung auch an der Qualität solcher Arbeiten gemessen werden. Dieses Buch leistet sicher einen guten Beitrag.

Linz, im Frühjahr 2011 — *Dr. Hans Schachl*
Rektor der Privaten Pädagogischen Hochschule der Diözese Linz

Die Bachelorarbeiten an der Hochschule für Agrar- und Umweltpädagogik haben in den letzten Jahren stetig an Qualität gewonnen und verfügen über ein anerkanntes Niveau. Diese für viele Studentinnen und Studenten erste „echte" wissenschaftliche Arbeit wird nicht nur als Publikation in den Bestand der Bibliothek aufgenommen, sondern zunehmend von den Akteuren im Berufsfeld vor Ort genutzt. Für jede Hochschule stellt die Qualität der wissenschaftlichen Abschlussarbeit ein entscheidendes Kriterium dar. Dieser Qualitätsanspruch lässt sich nur mit einer entsprechenden Begleitliteratur erzielen, die sowohl wissenschaftlich fundiert als auch anwendungsorientiert gestaltet und formuliert ist. Mit dem vorliegenden Werk ist das zweifellos gelungen. Das Lehr- und Studienbuch „Die Bachelorarbeit an der Pädagogischen Hochschule" erfüllt diesen Anspruch und hat sich an der Hochschule für Agrar- und Umweltpädagogik Wien zum Standardwerk etabliert. Ich darf mich daher bei den Autoren für diese Grundlagenarbeit bedanken.

Wien, im Frühjahr 2011 *Mag. Dr. Thomas Haase*

Rektor der Hochschule für Agrar- und Umweltpädagogik Wien

Das vorliegende Buch gehört nicht zur Kategorie der pädagogischen Feiertagsliteratur, das sich dem ultimativen Dreischritt „kaufen, überfliegen und gut sichtbar in Augenhöhe lagern" unterordnet. Vielmehr ist es ein Arbeitsbuch für Studierende und Lehrende der Pädagogischen Hochschulen Österreichs und hilft der Ausbildung von Lehrerinnen und Lehrern ein wissenschaftliches Profil zu geben, das nicht auf eine unreflektierte Anhäufung von Wissen ausgerichtet ist. Professionalisierung des Lehrberufes stellt in komplexen Situationen der Berufspraxis Anforderungen, die nicht durch allgemeine pädagogische Rezepte zu bewältigen sind, sondern Kompetenzen wie fundierte Reflexivität und Diskursfähigkeit verlangen – also wissenschaftliches Arbeiten. Bewiesen sollen diese Fähigkeiten besonders mit und durch Bachelorarbeiten werden, die den inhaltlichen Schwerpunkt dieses Bandes darstellen. Nur durch hier angeregte qualitativ hochwertige Arbeiten können Pädagogische Hochschulen, die per definitionem zur Forschung verpflichtet sind, dem Auftrag gerecht werden, die Verbindung von Forschung und forschungsgeleiteter Lehre herzustellen, sowie die Mitwirkung an der Schulentwicklung durch wissenschaftlich-berufsfeldbezogene Forschung und praktische Arbeiten gewährleisten.

Baden, im Frühjahr 2011 *Mag. Dr. Kurt Allabauer*

Vizerektor der Pädagogischen Hochschule Niederösterreich

Im Hochschulgesetz 2005 wird den im Oktober 2007 neu gegründeten Pädagogischen Hochschulen Österreichs ein klarer Forschungsauftrag für berufsfeldbezogene Forschung erteilt. Ein Teilbereich dieses Auftrages wird durch das wissenschaftlich fundierte Arbeiten der Studierenden abgedeckt werden. Die Bachelorarbeit stellt dabei die „Krönung" der bisherigen wissenschaftlichen Tätigkeit der zukünftigen Lehrer und Lehrerinnen dar, in der sie beweisen, dass sie im Rahmen des Studiums das nötige Rüstzeug für wissenschaftliches Arbeiten und berufsfeldbezogenes Forschen erworben haben. Forschungskompetenz ist eine wichtige Grundlage für die Professionalisierung des Lehrberufes im Sinne einer theoriegestützten, methodisch fundierten Reflexion des eigenen Unterrichts, die jede Lehrerin und jeder Lehrer besitzen muss. Das vorliegende Buch stellt einen wertvollen Beitrag dar, damit diese große Aufgabe in professioneller Art und Weise von den Studierenden bewältigt werden kann.

Innsbruck, im Frühjahr 2011 *Mag. Dr. Werner Mayr*

Vizerektor der Pädagogischen Hochschule Tirol

Für die Pädagogische Hochschule Steiermark, die sich mit einem ihrer drei Schwerpunkte auch der Bildungsforschung verpflichtet fühlt, kommt dieses „Lehr- und Lernbuch" für die Gestaltung von Bachelorarbeiten zu einem sehr günstigen Zeitpunkt. Der Untertitel bringt zum Ausdruck, dass eine gelungene Bachelorarbeit ein Zusammenspiel zwischen einer von Engagement getragenen, kritisch-konstruktiven Herangehensweise der Studierenden und einer unterstützenden Betreuung durch die Begutachter/innen darstellt. Das Ziel dieses umfangreichen Lehrbuches, den Studierenden eine effiziente Lernhilfe zu bieten, wurde zur Gänze erreicht. Die inhaltlich und graphisch aufbereiteten Themen des wissenschaftlichen Arbeitens sind sehr verständlich erklärt und mit zahlreichen Beispielen angereichert. Damit leistet das vorliegende Werk einen wichtigen Beitrag für die Qualitätssicherung von Bachelorarbeiten nach wissenschaftlichen Standards.

Graz, im Frühjahr 2011 *Mag. Dr. Regina Weitlaner*

Vizerektorin der Pädagogischen Hochschule Steiermark

VORWORT

Dieses Lehrbuch entstand aus der Absicht, einerseits Studierenden an österreichischen Pädagogischen Hochschulen bei der Erstellung ihrer Bachelorarbeit Unterstützung zu geben und andererseits Lehrpersonen, die am Beginn ihrer Betreuungstätigkeit von Bachelorarbeiten stehen, Anregungen anzubieten. Unsere Erfahrungen aus der täglichen Lehrtätigkeit, ganz besonders im Zusammenhang mit den inhaltlichen und formalen Kriterien wissenschaftlichen Arbeitens, veranlassten uns, ein anschauliches und praxisbezogenes Lehrbuch zur Hodegetik[1] (Lehre vom wissenschaftlichen Arbeiten) zu schreiben. Uns geht es vorrangig um jene zentralen Fragen, die sich Studierende stellen, wenn sie mit ihrer Bachelorarbeit beginnen:

Wie und wo suche und finde ich eine geeignete Thematik?
Wie entwickle ich eine Forschungsfrage?
Wie muss ich meine Arbeit strukturieren?
Wo finde ich passende Literatur?
Wie zitiere ich die Literatur richtig?
Wie verwende ich den Computer am zweckmäßigsten?
Wie soll ich meine Bachelorarbeit präsentieren?
Nach welchen Kriterien wird meine Arbeit beurteilt?

Für die betreuenden und beurteilenden Lehrpersonen gehen wir den Fragen nach:
Welche Tätigkeiten umfasst eine unterstützende Betreuung?
Nach welchen Kriterien soll eine Bachelorarbeit beurteilt werden?

Ein Worddokument als Mustervorlage mit allen voreingestellten Überschriften, Verzeichnissen, Formatvorlagen und sonstigen Einstellungen, in das die Bachelorarbeit geschrieben werden kann, steht zum Download auf http://www.ktv-krems.at/samac/ zur Verfügung.

Wir danken allen Kolleginnen und Kollegen sowie allen Studierenden sehr herzlich, welche die dritte Auflage dieses Lehrbuchs in unterschiedlicher Weise unterstützt und ermöglicht haben. Über Anregungen, Hinweise und kritische Anmerkungen freuen wir uns (klaus.samac@kphvie.ac.at).

Krems an der Donau, im Frühjahr 2014

Klaus Samac
Monika Prenner
Herbert Schwetz

---

1 Die Bedeutung der Hodegetik ist in letzter Zeit durch Aberkennungsverfahren von akademischen Graden an Universitäten sehr stark in das öffentliche und fachliche Bewusstsein gerückt (prominente Beispiele: 2011, Karl-Theodor zu Guttenberg, Bundesminister der Verteidigung in Deutschland; 2013 Annette Schavan, Bundesministerin für Bildung und Forschung in Deutschland).

INHALTSVERZEICHNIS

TABELLENVERZEICHNIS

ABBILDUNGSVERZEICHNIS

ZUM INHALT

Mit dem österreichischen Hochschulgesetz 2005[2] wurde die Bachelorarbeit in der Lehrerinnen- und Lehrerbildung für das Pflichtschulwesen und für die Berufsbildung neu eingeführt. Dieses Lehrbuch orientiert sich (1) an den in der Scientific Community allgemein akzeptierten Regeln für das Abfassen wissenschaftlicher Arbeiten, (2) an den Vorgaben der Hochschul-Curriculaverordnung[3] sowie (3) an den recherchierten Vorgaben, die in den einzelnen Studien- und Prüfungsordnungen an den jeweiligen Pädagogischen Hochschulen von deren Studienkommissionen verordnet wurden, und besteht im Wesentlichen aus zwei Teilen: Teil 1 ist für die Studierenden als Verfasserinnen bzw. Verfasser der Bachelorarbeit bestimmt, Teil 2 richtet sich vorrangig an die Lehrenden als Betreuende und Beurteilende der Bachelorarbeit.

Im Teil 1 sprechen wir in erster Linie die Studierenden an. Neben den rechtlichen Grundlagen der Bachelorarbeit werden auch Ziel und Zweck sowie Hinweise zum Zeitrahmen dargelegt. Aufgezeigt wird, wie Studierende an ein Thema herangehen und die unbedingt notwendige(n) Forschungsfrage(n) daraus entwickeln können. Ein weiterer Abschnitt behandelt die formale Gestaltung der einzelnen Strukturteile der Bachelorarbeit. Praktische Hinweise zur Textverarbeitung mit Word werden dargestellt und beschrieben. Möglichkeiten der Literatur- und Quellensuche einschließlich der Literaturrecherche mit Hilfe des Internets sowie die Formalkriterien bei Zitation und Quellenangaben werden aufgezeigt. Dargelegt wird auch, wie eine Präsentation der Bachelorarbeit im Rahmen einer Defensio vorbereitet und durchgeführt werden kann. Dieser Teil ist als praktische Hilfestellung für Studierende zu verstehen, die sich zum ersten Mal in ihrem Lehramtsstudium mit der Aufgabe konfrontiert sehen, eine größere Abschlussarbeit zu verfassen und zu präsentieren, die jenen allgemeinen wissenschaftlichen Ansprüchen genügen muss, die man an Studierende im letzten Drittel ihrer Ausbildung richtet. Daher werden weder umfassende Darstellungen wissenschaftlicher Vorgehensweisen angeboten noch sämtliche in der wissenschaftlichen Literatur vorfindbare Formalkriterien schriftlichen Arbeitens diskutiert.

Im Teil 2 wurde der Versuch unternommen, zur Betreuung der Bachelorarbeit aus pädagogischer Sicht Stellung zu beziehen. Insbesondere werden das Wesen der Bachelorarbeit dargestellt, diese als schriftliche, wissenschaftliche (Haus-)Arbeit charakterisiert und Möglichkeiten aufgezeigt, wie ihre Betreuung, aber letztendlich auch ihre Beurteilung nach pädagogischen und wissenschaftlichen Grundsätzen ausgerichtet werden kann.

---

2 BGBl 2006/30: Bundesgesetz über die Organisation der Pädagogischen Hochschulen und ihre Studien (Hochschulgesetz 2005) vom 13. März 2006

3 BGBl. 2006/495: Hochschul-Curriculaverordnung (HCV) vom 21. Dezember 2006

TEIL 1
(FÜR STUDIERENDE)

1 ZU DEN RECHTLICHEN GRUNDLAGEN DER BACHELORARBEIT

Die rechtlichen Grundlagen für die Bachelorarbeit werden einerseits durch das österreichische Hochschulgesetz 2005 und die Hochschul-Curriculaverordnung (HCV) 2006 vorgegeben und andererseits durch die Verordnungen der jeweiligen Studienkommissionen an den einzelnen Pädagogischen Hochschulen.

1.1 Österreichweite Vorgaben

Die Ausbildung an Pädagogischen Hochschulen zu Lehrpersonen (a) im Pflichtschulwesen oder (b) im Bereich der Berufsbildung erfordert aufgrund der Bestimmungen im österreichischen Hochschulgesetz 2005[4] die Abfassung einer Bachelorarbeit. Bei der Bearbeitung des Themas und der Betreuung sind die Bestimmungen des Urheberrechtsgesetzes[5] zu beachten. Ferner wird im § 49 die Veröffentlichung der positiv beurteilten Bachelorarbeit an der jeweiligen Pädagogischen Hochschule vorgeschrieben.

In der Hochschul-Curriculaverordnung (HCV) 2006 ist im §12 u.a. festgelegt, dass (1) eine Bachelorarbeit als Einzelarbeit abzufassen ist, (2) eine studienfachbereichsübergreifende Bearbeitung möglich sein muss und (3) das für die Erstellung der Bachelorarbeit erforderliche Arbeitspensum neun Credit Points im ECTS[6] umfasst. Da ein ECTS-Credit Point einem Workload[7] von 25 bis 30 Arbeitsstunden entspricht, bedeutet die Festlegung der Bachelorarbeit auf neun ECTS-Credits einen Gesamtarbeitszeitaufwand von 225 bis 270 Stunden. In einem Arbeiter- oder Angestelltenverhältnis mit 38 bis 40 Stunden pro Woche entspricht dies einer Gesamtdauer von rund sechs bis sieben Wochen Bearbeitungszeit. Dass diese quantitativen Angaben bloß Richtwerte sein können und nicht auf alle Studierenden gleichermaßen zutreffen, versteht sich von selbst; zu groß sind die Unterschiede in den individuellen Fertigkeiten, Fähigkeiten und Kompetenzen der einzelnen Studierenden. Wenn Sie jedenfalls zu Ihren in den ersten beiden Studienjahren erworbenen Kompetenzen noch Gewissenhaftigkeit, Ehrgeiz, Zielstrebigkeit, Kompetenz im Umgang mit PC und notwendiger Software, Fähigkeit zur Literaturrecherche und zur Erstellung von Exzerpten,

---

4 3. Abschnitt, Gestaltung der Studien, § 48. Bachelorarbeit
5 BGBl. Nr. 111/1936
6 European Credit Transfer System
7 Workload ist der in Zeitstunden ausgedrückte, erwartete studentische Arbeitsaufwand, der für einen erfolgreich absolvierten Studienabschnitt notwendig ist. Der Arbeitsaufwand wird in Zeitstunden gemessen und setzt sich aus Kontaktstunden (Präsenzzeit in Lehrveranstaltungen), Selbststudium, Vor- und Nachbereitung einer Veranstaltung, Prüfungsvorbereitung, Erstellung von Studien- und Abschlussarbeiten und sonstigen studienrelevanten Aktivitäten (Praktika, Exkursionen etc.) zusammen.

Bereitschaft zur Übernahme wissenschaftlicher Arbeitsweisen und wissenschaftlicher Formalkriterien mitbringen, dürfte einer Fertigstellung Ihrer Bachelorarbeit innerhalb dieses Zeitraums von 225 bis 270 Stunden nichts mehr im Wege stehen.

1.2 Standortspezifische Vorgaben

Die jeweiligen Studienkommissionen an den einzelnen Pädagogischen Hochschulen haben gem. § 48 Hochschulgesetz 2005 die näheren Bestimmungen zur Bachelorarbeit in den Curricula festzulegen. Folgende Gemeinsamkeiten in den Verordnungen der Studienkommissionen lassen sich identifizieren:

(01)	Sie müssen das Thema Ihrer Bachelorarbeit in der Regel mit zwei Lehrenden vereinbaren, die letztendlich auch die Beurteilung vornehmen.
(02)	Die Bachelorarbeit ist im Rahmen eines Prüfungsgespräches (Defensio) vor einer Prüfungskommission, der die beiden betreuenden Lehrpersonen angehören, zu verteidigen.
(03)	Als Zeitraum für das Verfassen und Verteidigen der Bachelorarbeit ist das letzte Studienjahr (in der Regel sind dies das 5. und das 6. Semester) vorgesehen.
(04)	Die Bachelorarbeit haben Sie mit Hilfe eines geeigneten Textverarbeitungssystems abzufassen. Die fertige Bachelorarbeit mit einem Mindestumfang von 50 Seiten ist einerseits in fest gebundener Form im Format DIN A4, einseitig bedruckt, und andererseits in digitaler Form abzugeben.
(05)	Die Zitierregeln und Quellenangaben, die den Anforderungen wissenschaftlichen Arbeitens genügen müssen, sind von Ihnen zwingend einzuhalten.
(06)	Der Bachelorarbeit ist ein Abstract in deutscher und englischer Sprache voranzustellen.

Tab. 1: Mindestvorgaben für Bachelorarbeiten

Wichtig: Studieren Sie die von der Studienkommission Ihrer Pädagogischen Hochschule verordneten Richtlinien zum Verfassen der Bachelorarbeiten. Die dort angeführten Kriterien sind zwingend einzuhalten.

1.3 Ziel und Zweck der Bachelorarbeit

Die Bachelorarbeit dient vorrangig dem Nachweis Ihrer ausbildungsspezifischen Kompetenzen. Sie sollen ihre Fähigkeit, eine beruflich relevante Fragestellung eigenständig und nach wissenschaftlichen Kriterien zu bearbeiten, dokumentieren. In der Bachelorarbeit müssen daher wissenschaftliche Erkenntnisse im Kontext eigener Fragestellungen (Forschungsfragen) verarbeitet werden. Unter Berücksichtigung der formalen Anforderungen sind die Ergebnisse in Bezug auf Ihre eigene berufliche Ausbildung kritisch zu reflektieren.

Bei geisteswissenschaftlich angelegten Arbeiten (sog. Literaturarbeiten) sollen Theorieansätze und Argumentationen in Auseinandersetzung mit der eigenen Fragestellung nachvollzogen, verglichen und kritisch reflektiert werden. Beispiele möglicher Themen sind in Tab. 2 angeführt.

(01)	Der pädagogische Takt bei Herbart, Ziller und Heitger
(02)	Zum Gottesbegriff bei Grundschulkindern
(03)	Zur Vermittlung von Werten bei pubertierenden Schülerinnen und Schülern
(04)	Maßnahmen zum vertieften Sinnerleben in der außerschulischen Erziehung
(05)	Reflexionen zur Ziffernbeurteilung aus entwicklungspsychologischer und demokratiepolitischer Perspektive

Tab. 2: Themenbeispiele geisteswissenschaftlicher Arbeiten

Bei empirisch angelegten Arbeiten besteht die Möglichkeit der Durchführung (1) einer eigenen, neuen Studie, (2) einer Sekundäranalyse bereits vorliegender Daten oder (3) einer Replikationsstudie (siehe Tab. 3).

(01)	Zum Klassenklima in ausgewählten Schulklassen
(02)	Zur Struktur und Aussagekraft von Schulbuchillustrationen für den Sachunterricht in der Grundschule
(03)	Zum Aufmerksamkeitsverhalten von Schülerinnen und Schülern in offenen und geschlossenen Unterrichtskontexten
(04)	Zur Vereinbarkeit von Steigerung des Leistungsniveaus und Verringerung von Leistungsunterschieden in Grundschulklassen
(05)	Empirische Erhebung zur sozialen Integration und zum sozialen Lernen im kooperativen Unterricht

Tab. 3: Themenbeispiele empirischer Arbeiten

Gleichzeitig sollen Sie den Nachweis der elementaren Kenntnisse wissenschaftlicher Methoden liefern. Insbesondere geht es in der Bachelorarbeit um das Bearbeiten von Entdeckungs-, Begründungs-, Erklärungs- und Verwertungszusammenhängen sowie um Methoden der Textverdichtung (Analysieren, Systematisieren, Paraphrasieren, Interpretieren). Dazu ist von Ihnen unter Rücksprache mit den betreuenden Lehrenden selbstständig ein Themengebiet zu wählen und in einem befristeten Zeitraum die Problemlösung zu bearbeiten. Ihre Bachelorarbeit müssen Sie im Rahmen einer Defensio präsentieren und verteidigen. Sie bildet somit den Abschluss Ihres Bachelorstudiums.

Das Arbeiten im Rahmen Ihrer Bachelorarbeit bedeutet vor allem auch, verantwortlich zu arbeiten. Dazu zählen insbesondere Arbeitshaltung, Ehrlichkeit, Objektivität, klare

Begriffsverwendung, Vollständigkeit, Übersichtlichkeit und intersubjektive Überprüfbarkeit[8]. Darüber hinaus sollte die Bachelorarbeit das Ziel verfolgen, Kreativität zu fördern und den Lerngewinn zu erhöhen, weil sie u.a. über das Maß des deklarativen (klassifikatorischen, taxativen) Wissens hinausgeht.

1.4 Zeitrahmen

Die Hochschul-Curriculaverordnung (HCV) 2006 sieht, wie oben bereits dargelegt, für die Erstellung Ihrer Bachelorarbeit neun ECTS-Credit Points außerhalb Ihrer Lehrveranstaltungen vor. Sie haben daher Ihre Bachelorarbeit als „schriftliche Hausarbeit" eigenständig zu erstellen, haben ein Recht auf Betreuung durch zwei Lehrpersonen und dürfen sich Ihr Thema frei wählen. Wenn Ihnen Ihre Pädagogische Hochschule zur Besorgung von Literatur und Arbeitsmaterial Lehrveranstaltungszeit zur Verfügung stellt, ist dies eine freie Entscheidung Ihrer Pädagogischen Hochschule bzw. Ihrer Lehrpersonen. Egal, welchen Zeitraum Sie sich letztendlich für die Erstellung Ihrer Bachelorarbeit nehmen, der Verordnungsgeber räumt Ihnen im Wesentlichen die Zeit des dritten Studienjahres ein.

Wir empfehlen Ihnen daher, nach der Vorbereitungsphase (Themenfindung, Literaturüberblick, Formulierung der Forschungsfrage etc.) 20% der Zeit für die Erkundungsphase (Literaturrecherche und Literaturbeschaffung), 20% für die Strukturierungsphase (Literaturstudium, Konzeption und inhaltlicher Aufbau, bei empirisch angelegten Arbeiten Untersuchungsdesign und Auswerteplan) sowie 40% für die Schreibphase (Arbeiten mit Literatur, Verfassen des Textes, bei empirisch angelegten Arbeiten Datenerhebung und -auswertung) und 20% für die Reflexionsphase zu berechnen. Unterschätzen Sie bei Ihrer Zeiteinteilung nicht die Literaturrecherche und das Literaturstudium sowie die Reflexionsphase. Das Korrekturlesen, Überdenken, Überarbeiten und eine eventuelle Umgestaltung Ihrer Bachelorarbeit sowie das Layoutieren der Endfassung nehmen erfahrungsgemäß einen beachtlichen Teil Ihrer zeitlichen Ressourcen in Anspruch. Rechnen Sie auch Probleme ein, die Sie beim Schreiben mit Ihrem Computer haben könnten.

Das Pareto-Prinzip bringt die Zeitproblematik auf den Punkt: 80% der Gesamtarbeit werden in den ersten 20% der Zeit erledigt. Für die restlichen 20% der Arbeit benötigt man 80% der Gesamtarbeitszeit.

---

8 Intersubjektive Überprüfbarkeit bedeutet: durch andere Personen nachvollziehbar und überprüfbar.

Phase	Tätigkeiten	%	Std.
Vorbereitungsphase	Themenfindung, Literaturüberblick, Formulierung der Forschungsfrage	–	–
Erkundungsphase	Literaturrecherche, Literaturbeschaffung	20	45–55
Strukturierungsphase	Literaturstudium, Konzeption, inhaltlicher Aufbau, Untersuchungsdesign, Auswerteplan	20	45–55
Schreibphase	Arbeit mit der Literatur, Verfassen des Textes, Datenerhebung und -auswertung	40	90–110
Reflexionsphase	Überdenken, Überarbeiten, eventuelle Umgestaltung, Korrekturlesen, Layoutieren der Endfassung	20	45–55
		100	225–275

Tab. 4: Phasen zur Erstellung der Bachelorarbeit

In Tab. 4 sind die jeweiligen Phasen mit jenen Zeitangaben in Stunden versehen, die Sie benötigen, wenn Sie für die gesamte Erstellung Ihrer Bachelorarbeit rund 250 Stunden veranschlagen.[9]

Wichtig: Halten Sie sich unbedingt an die Vorgaben zur Gestaltung der Bachelorarbeit, die von der Studienkommission Ihrer Pädagogischen Hochschule verordnet wurden, und an die Vorgaben Ihrer betreuenden Lehrpersonen. Decken diese Vorgaben nicht alle formalen Bereiche ab, können Sie die Vorschläge dieses Buches übernehmen. Als oberster Grundsatz gilt: Der formale Aufbau bzw. das Layout der Bachelorarbeit muss durchlaufend gleich und konsistent sein. Es gibt nicht den „richtigen" formalen Aufbau, vielmehr gibt es mehrere Möglichkeiten für passende Schemata. Eine Möglichkeit wird Ihnen in diesem Lehrbuch vorgestellt. Ob Ihre Lehrpersonen alle Vorgaben, die in diesem Buch beschrieben sind, ausschöpfen oder nicht bzw. abändern, liegt an ihnen. Für Sie ist wichtig, dass Sie die formalen und inhaltlichen Vorgaben für Ihre Bachelorarbeit im Vorhinein kennen. Von Vorteil erweist sich vor dem Herangehen an eine eigene Arbeit das Durchsehen einiger fertiger Arbeiten. Achtung: Übernehmen Sie aber keine darin enthaltenen Fehler.[9]

9 Vgl. Karmasin & Ribing 2007, S. 37 f.

1.5 Die Vorgabe „wissenschaftlich-berufsfeldbezogen"

Die Vorgabe „wissenschaftlich-berufsfeldbezogen"[10] impliziert im Zusammenhang mit der Ausbildung zu Lehrpersonen im Pflichtschulwesen oder der beruflichen Bildung, dass Sie als Verfasserin bzw. Verfasser der Bachelorarbeit pädagogische Fragestellungen aufgreifen und in das Zentrum Ihrer Überlegungen stellen bzw. von diesen ausgehen. Das Thema Ihrer Bachelorarbeit muss daher in einem relevanten Bezug zur Theorie und/oder Praxis (Berufsfeld) der Pädagogik stehen, unmissverständlich formuliert sein und ist darüber hinaus so zu wählen, dass für Sie die Bearbeitung innerhalb des dritten Studienjahres möglich und zumutbar ist. Die Problemlösung muss wissenschaftlichen Kriterien genügen.

Wo erforderlich, sollten Sie bei der Bearbeitung Ihrer Forschungsfrage(n) die notwendigen Querverbindungen zu den einzelnen Studienfachbereichen herstellen. In der Ausbildung zu Pflichtschullehrerinnen und -lehrern sind dies die vier Studienfachbereiche (1) Humanwissenschaften (z.B. Erziehungswissenschaft, Pädagogische Psychologie, Pädagogische Soziologie, Religionspädagogik, Unterrichtswissenschaft), (2) Fachwissenschaften und Fachdidaktiken (z.B. Erst- und Zweitfächer) (3) Schulpraktische Studien und (4) Ergänzende Studien.[11]

1.6 Beurteilung der Bachelorarbeit

Nach den Bestimmungen des Hochschulgesetzes 2005[12] sind wissenschaftlich-berufsfeldbezogene Arbeiten mit „sehr gut" (1), „gut" (2), „befriedigend" (3) oder „genügend" (4), der negative Erfolg mit „nicht genügend" (5) zu beurteilen. Zwischenbeurteilungen sind unzulässig. Die Verordnungen der einzelnen Studienkommissionen an den Pädagogischen Hochschulen sehen zumeist eine Gesamtbeurteilung der Bachelorarbeit aus zwei Teilbeurteilungen vor: (1) aus den schriftlichen Gutachten der beiden betreuenden bzw. beurteilenden Lehrpersonen und (2) aus der kommissionellen Beurteilung der Defensio. Die betreuenden bzw. beurteilenden Lehrenden sind Mitglieder der Prüfungskommission. Die Defensio umfasst eine Dauer von 20 bis 30 Minuten.

1.6.1 Schriftliches Gutachten

In den durch die jeweiligen Studienkommissionen festgelegten Prüfungsordnungen lassen sich durchgängig folgende Beurteilungskriterien für die Bachelorarbeit finden: (1) Die Arbeit muss eigenständig konzeptioniert, die Abfassung stringent gegliedert und an wissenschaftlichen Grundsätzen ausgerichtet sein. (2) Die wissenschaftliche Fragestellung der Arbeit ist klar und eindeutig formuliert. (3) Die Aufbereitung des The-

10 Siehe Hochschulgesetz 2005, § 43. Prüfungsordnung
11 Siehe Hochschul-Curriculaverordnung (HCV) 2006, § 10, Absatz 1
12 § 43. Prüfungsordnung

mas muss am aktuellen Entwicklungsstand der jeweiligen Disziplinen ausgerichtet sein. Das bedeutet eine vertiefte Auseinandersetzung mit nationaler, aber auch internationaler Fachliteratur sowie eine Bezugnahme auf entsprechende nationale, aber auch internationale Forschungsergebnisse. (4) Die Argumentation muss sprachlich klar, die Darstellung eigenständig sein. (5) Gefordert ist eine systematische, kontinuierliche Vernetzung von Theorie und Praxisreflexion in der Arbeit und somit eine klare Ausweisung des Berufsfeldbezuges. (6) Bei empirischen Teilen einer Bachelorarbeit muss die Methodenwahl offengelegt werden und die Datengenerierung sowie -verarbeitung den Standards empirischer Forschung entsprechen. (7) Der wissenschaftliche Apparat wie Zitierregeln, Quellenangaben, Literaturverzeichnis etc. muss den üblichen Mindeststandards entsprechen. (8) Besonders schwerwiegende und/oder gehäufte Mängel im Bereich der Textproduktion bzw. der Orthographie sowie im Literaturbeleg schließen eine positive Beurteilung aus. Im Wesentlichen sind diese Kriterien beim Verfassen des schriftlichen Gutachtens heranzuziehen. Die einzelnen Kriterien haben für die Beurteilung unterschiedliche Wertigkeit. Dies hängt u.a. auch von der Gewichtung durch die beurteilenden Lehrpersonen ab.

Wichtig: Studieren Sie die von der Studienkommission Ihrer Pädagogischen Hochschule verordneten Richtlinien zum Verfassen der Bachelorarbeiten. Beachten Sie die dort angeführten Beurteilungskriterien und richten Sie sich danach. Klären Sie jedenfalls die Beurteilungskriterien mit Ihren betreuenden und letztendlich auch beurteilenden Lehrpersonen ab.

1.6.2 Defensio

Die Defensio (Verteidigung Ihrer Bachelorarbeit) gibt Ihnen die Möglichkeit zu zeigen, dass Sie sich in den Fachbereichen, denen die Themenstellung zuzurechnen ist, einer wissenschaftlichen Diskussion stellen können und dabei zur speziellen Themenstellung Perspektiven darlegen und begründen können. Dabei sind Ihre Fähigkeiten zur klaren, wissenschaftlich fundierten und didaktisch verantworteten Ausdrucksweise, zum Aufspüren von Querverbindungen zwischen den Fachbereichen, zu vernetztem Denken und zur Herstellung von Praxisbezügen wesentlich. Die Defensio soll möglichst anschaulich erfolgen, alle verwendeten Methoden und Medien haben aber im Dienst des oben angeführten Ziels zu stehen und nicht Selbstzweck zu werden. Ihre Präsentation umfasst im Wesentlichen (1) die Darlegung Ihres erkenntnisleitenden Interesses, (2) die Explikation Ihrer Forschungsfrage(n) und (3) einen kurzen Abriss der Gesamtproblematik samt Ergebnissen und Interpretation bzw. Reflexion (Forschungsweg, wichtige Ergebnisse, Schlussfolgerungen). Auf der Basis dieser Darlegung, die in der Regel die halbe Prüfungszeit einnehmen wird, führen die Mitglieder der Kommission mit Ihnen das Fachgespräch.

Zusätzlich in die Beurteilung der Defensio fließen (1) Ihre Fähigkeit zur mündlichen Präsentation einer komplexen schriftlich abgehandelten Forschungsfrage und (2) Ihre Fähigkeit, auf eventuell im Gutachten der Bachelorarbeit geäußerte Kritik einzugehen, indem Sie die Behebung der Mängel im Gespräch versuchen nachzuweisen, ein.

1.7 Allgemeine Empfehlungen

Wenn Sie Ihr Thema gefunden haben, sollten Sie sich vor dem Schreiben ihrer Bachelorarbeit genau überlegen, welchem Problem Sie nachgehen möchten. Dazu ist die Ableitung bzw. Entwicklung einer zentralen Forschungsfrage eine absolute Notwendigkeit. Wie in jeder Forschungsarbeit auch, sollte diese der Bachelorarbeit generell vorangestellt werden, und nicht etwa umgekehrt – was Sie vor einem blinden Dahinschreiben bewahrt. Überlegen Sie außerdem, was in den nachfolgenden Kapiteln behandelt werden muss, um eine Antwort auf Ihre zentrale Forschungsfrage (siehe Kap. 2.8 Formulierung der Forschungsfrage, Seite 57) zu erhalten. Dazu erweist es sich als günstig, Unterfragen zu entwickeln. Fragestellungen schützen die Bachelorarbeit vor unnötigem Ballast. Sie leiten die Vorgehensweise, geben den roten Faden vor und führen die Bachelorarbeit durch die Beantwortung der Fragestellungen zu ihrem Abschluss. Formulieren Sie diese jedoch möglichst valide[13], weil sonst ihre nachfolgende Bearbeitung den Umfang Ihrer Bachelorarbeit sprengen würde.

Legen Sie auf Stil (Wortwahl, Ausdrucksweise) und Sprachregeln Wert und beachten Sie die Regeln der gültigen Rechtschreibung. Kennzeichnen Sie Zitate, Belege und Befunde, die Sie in Ihrer Bachelorarbeit zur Argumentation übernehmen, deutlich. Definieren Sie zentrale und unklare Begriffe[14]. Vermeiden Sie in Ihrer Bachelorarbeit ungerechtfertigte Redundanzen (Wiederholungen). Formulieren Sie Ihre Ergebnisse klar und deutlich. Nehmen Sie die Gliederung der Arbeit formal korrekt vor. Bringen Sie Eigenüberlegungen, eigene Meinungen und eigene Ideen in der adäquaten Form argumentativ begründet in die Arbeit ein (keine Ich-Formulierung).

Halten Sie den formalen Aufbau der Bachelorarbeit ein und platzieren Sie jeden Teil an die richtige Stelle der Bachelorarbeit. Nehmen Sie die Darstellung von Tabellen und Abbildungen in der gesamten Bachelorarbeit einheitlich und gleich vor, beschriften Sie diese und nummerieren Sie diese durch. Unterschreiten Sie die vorgegebene Mindestlänge der Bachelorarbeit nicht, aber überschreiten Sie diese auch nicht wesentlich. Im einen Fall kann Ihnen fehlender Arbeitseinsatz mit allen damit verbundenen Untugenden vorgeworfen werden, im anderen Fall Unfähigkeit zur Konzentration auf das Wesentliche. Bleiben Sie stringent und um fachliche Richtigkeit bemüht.

---

13 In diesem Zusammenhang bedeutet valide, dass die Fragestellung so klar und eindeutig (eng) formuliert ist, dass sie genau das – und nichts anderes – an Beantwortung zulässt und einfordert, was sie zu fragen vorgibt.

14 Haben Sie sich für einen Terminus entschieden und diesen definiert, sollten im selben Zusammenhang nicht auch noch andere Termini mit der gleichen Bedeutung verwendet werden.

Bei Fragestellungen, die eine empirische Vorgangsweise erfordern (qualitative, quantitative empirische Methoden, Aktionsforschung), bemühen Sie sich um eine saubere Deskription der Ausgangssituation des interessierenden Problemfeldes, begründen Sie die Wahl der angewandten Methode und interpretieren Sie die Ergebnisse im Hinblick auf Ihre Fragestellung(en) diskursiv und kritisch.

2 ZUR THEMENFINDUNG UND FORSCHUNGSFRAGE

Da an den Pädagogischen Hochschulen durchgängig die Möglichkeit besteht, eigene Themenvorschläge zu unterbreiten, sollten Sie als erstes Selektionskriterium Ihre eigenen Interessen verwenden. Dies setzt stärker und nachhaltiger Ihre Energien frei, die Sie zur maximalen Ausschöpfung der verfügbaren Bearbeitungszeit benötigen. Zusätzlich werden Sie motivierter sein, eine positive Einstellung haben und mehr Arbeitsfreude empfinden als bei einer Thematik, die nicht anspricht, weil Sie diese als langweilig, spröde und trocken einstufen.[15]

Legen Sie sich zeitgerecht eine Ideensammlung an und dokumentieren Sie Ihre Einfälle und Überlegungen darin. Diese Ideen können aus den unterschiedlichsten Kontexten stammen und zum Finden eines Themas anregen und beitragen. In Tab. 5 sind in Erweiterung der aufgezählten Möglichkeiten bei Karmasin und Ribing[16] solche Ideenkontexte angeführt.

(01)	Interessante Artikel aus der berufsspezifischen Fachliteratur und aus Fachzeitschriften
(02)	Beiträge aus Radio und TV
(03)	Informationen und Datenbanken aus dem Internet (Bildungsserver Österreichs, der Bundesrepublik Deutschland, der Schweiz, Homepages von SINUS, IGLU, LAU, QuaSUM, quassu, OECD, TIMSS, PISA, Akademien der Wissenschaften etc.)
(04)	Ideen aus Vorlesungen, Seminaren, Übungen
(05)	Persönliche Fragen, die zu einer Bachelorarbeit ausgestaltet werden können
(06)	Interessante Artikel aus den Tageszeitungen und Printmedien (Presse, Standard, Profil, News, GEO, Focus, Format, Stern etc.)
(07)	Bibliotheken der Hochschulen, der Universitäten und Fachhochschulen, Bibliotheken der Landesschulräte, Buchhandlungen
(08)	Diskussionen in Lehrveranstaltungen, mit Kommilitonen, Lehrenden, Lehrpersonen in den Praxisschulen, Eltern, Freunden etc.
(09)	Pädagogische Bachelorarbeiten, Diplomarbeiten und Dissertationen sowie Forschungsarbeiten (z.B. der Österreichischen Gesellschaft für Forschung und Entwicklung im Bildungswesen – ÖFEB)
(10)	Aktuelle Ereignisse wie z.B. Vorträge, Veranstaltungen, Messen (z.B. Interpädagogica etc.)
(11)	Fragestellungen und Beobachtungen, die sich vor allem aus der Unterrichtspraxis ergeben
(12)	Gesetzliche Grundlagen und Verordnungen, welche die Ausbildung und den Berufsvollzug von Lehrpersonen regeln
(13)	Beratungsgespräche mit Ihren Lehrenden
(14)	Themenbörsen der Österreichischen Hochschülerschaft
(15)	Exkursionen etc.

Tab. 5: Ideen, die zum Finden eines Themas anregen und beitragen können

15 Vgl. Bänsch 2003, S. 33
16 2007, S. 19

Beherzigen Sie bei der Wahl Ihres Themas die vier Faustregeln von Umberto Eco[17]:

> „1. Das Thema soll den Interessen des Kandidaten entsprechen …;
>
> 2. Die Quellen, die herangezogen werden müssen, sollen für den Kandidaten auffindbar sein …;
>
> 3. Der Kandidat soll mit den Quellen, die herangezogen werden müssen, umgehen können …;
>
> 4. Die methodischen Ansprüche des Forschungsvorhabens müssen dem Erfahrungsbereich des Kandidaten entsprechen." (Text im Original hervorgehoben)

In einer Fußnote fügt Eco[18] als fünfte Faustregel hinzu, dass der Professor der richtige sein solle. Es gäbe nämlich Studenten, die aus Sympathie oder aus Bequemlichkeit bei Dozenten, die für das ausgewählte Thema nicht zuständig wären, eine Arbeit schreiben wollten. Davon sei abzuraten.

2.1 Empfehlungen für die Recherche von Quellen

Nachdem Sie Ihr Thema gefunden haben, sollten Sie ein System in Ihre Literaturrecherche und Datensammlung bringen. Sie können dazu auch kompetente Ratgeber befragen. In Tab. 6 haben wir für Sie eine ganze Reihe solcher kompetenter Ratgeber zusammengestellt.

(01)	Internet Unüberschaubar sind die Informationen im Internet. Zur ersten Orientierung sind gute Suchmaschinen empfehlenswert. Über Links können Sie sich in die Tiefe Ihrer Thematik vorarbeiten. Die Problematik ist für viele Studierende jedoch, die Seriosität von Informationen aus dem Internet zu bewerten. Für eine Anfangsrecherche helfen Ihnen möglicherweise „Google", „Google-Scholar", „Wikipedia" oder „Werner Stangls Arbeitsblätter". In weiterer Folge sollten Sie die Websites von Bibliotheken kontaktieren und dort in den elektronischen Katalogen recherchieren (siehe Punkt 2.4 Recherchieren in elektronischen Bibliothekskatalogen ab Seite 29).
(02)	Informationsstellen in den Bibliotheken Eine wahre Fundgrube sind die Universitätsbibliotheken, die Nationalbibliothek und die Bibliotheken der Landesschulräte in den einzelnen Bundesländern und des Stadtschulrates für Wien. Darüber hinaus verfügen diese Bibliotheken über Informationsstellen, die mit den Fragen suchender Studierender vertraut sind. Diese Bibliotheken sind auch via Internet zugänglich. Pädagogische Diplomarbeiten (Master Theses) und Dissertationen unterliegen, wie alle anderen wissenschaftlichen Arbeiten auch, der Veröffentlichungspflicht und sind daher ebenfalls via Internet als Vollanzeigen abrufbar (Name, Jahr der Einreichung und Thema mit einer Kurzbeschreibung).

17 2003, S. 14 f.
18 2003, S. 15

(03)	Literaturverzeichnisse Die Literaturverzeichnisse von Diplomarbeiten, Dissertationen, pädagogischen Lehr- und Sachbüchern, aber auch Fachzeitschriften bieten wertvolle Hinweise zur gesuchten Literatur.
(04)	Bibliographien Bibliographien sind „Bücher über Bücher", enthalten vorhandene Literatur zu bestimmten Themenbereichen und geben einen raschen Überblick. Bibliographien sind heute durch sogenannte CD-ROM- bzw. in der Weiterentwicklung durch Online-Datenbanken ersetzt. Das heißt aber nicht, dass die „guten alten" Zettelkataloge (in Bibliotheken) wertlos sind. Im Gegenteil, sie geben besonders auf alte, wertvolle Werke Rückschlüsse.
(05)	Nachschlagwerke Nachschlagwerke (Lexika, Enzyklopädien) nennen zu bestimmten Stichworten häufig auch die Literatur.
(06)	Experten aus dem pädagogischen Berufsfeld Personen aus dem schulpsychologischen Dienst, Personen der Schulaufsicht oder andere kompetente Persönlichkeiten können befragt werden. Bedenken Sie jedoch, dass die Hilfestellung „Fremder" wesentlich von Ihren Vorbereitungen abhängt. „Ich suche irgendwas zum Thema so und so, haben Sie nicht irgendwas für mich?" wird Ihnen wahrscheinlich ein freundliches Lächeln, aber sicher keine Ergebnisse liefern. Gespräche mit Experten lohnen sich erst, wenn Sie sich in Ihr Thema eingelesen haben und ganz genau wissen, was Sie wollen.
(07)	Institutionen und Organisationen Sie können sich weiters bei Medien (u.U. gebührenpflichtig), Ministerien, Kammern, Interessenvertretungen (Personalvertretung, ÖGB), Vereinen (Elternvereine, Vereine mit pädagogischen Zielsetzungen), Praxisschulen etc. zu Ihrem Thema informieren. Zu vielen berufsspezifischen Themenbereichen in der pädagogischen Landschaft besitzen diese Institutionen und Organisationen Literaturlisten, vielfach zudem eine fachspezifische Bibliothek, die Sie u.U. – nach Voranmeldung – aufsuchen können.
(08)	Gebrauchtliteratur von amazon.de und eBay Aktuelle Literatur zu sehr günstigen Preisen ist mitunter im Internetbuchladen amazon.de erhältlich. Ebenso lässt sich manches Schnäppchen auf eBay erwerben.
(09)	Ihre Lehrpersonen Sie können Ihre Lehrpersonen selbstverständlich nach Literatur fragen. Andererseits soll Ihre Bachelorarbeit auch das Zeugnis einer selbstständigen (eigenständigen) Arbeit sein. Kombinieren Sie die Vorschläge Ihrer Lehrpersonen unbedingt mit eigenen Recherchen, die vielleicht auch für Ihre Lehrenden neue Information liefern können. Gehen Sie jedoch niemals unvorbereitet in das Gespräch mit Ihren Lehrenden.

Tab. 6: Ratgeber für die Literaturrecherche[19]

19 Dissertationen befinden sich in Österreich in drei Bibliotheken: (1) in der jeweiligen Institutsbibliothek, (2) in der Universitätsbibliothek und (3) in der Österreichischen Nationalbibliothek. Damit haben auch Außenstehende Zugriff auf diese Arbeiten. Für Diplomarbeiten gilt seit dem Universitätsgesetz 2002 keine Pflicht zur Abgabe in der Nationalbibliothek mehr. Vgl. Österreichische Nationalbibliothek: Verzeichnis der österreichischen Hochschulschriften, Details: URL: http://www.onb.ac.at/kataloge/16000.htm [1.6.2011]

2.2 Wissenschaftliche Quellen wie Literatur und Empirie

Die Berücksichtigung und Verarbeitung von wissenschaftlichen Quellen bei der Erstellung Ihrer Bachelorarbeit stellt ein wesentliches Kriterium dar. Unbewiesene Behauptungen sind nicht Zeichen kritischen Denkens, sondern ungenauen Arbeitens. Es gibt viele Quellen, die wissenschaftliche Inhalte haben können (siehe Abb. 1).

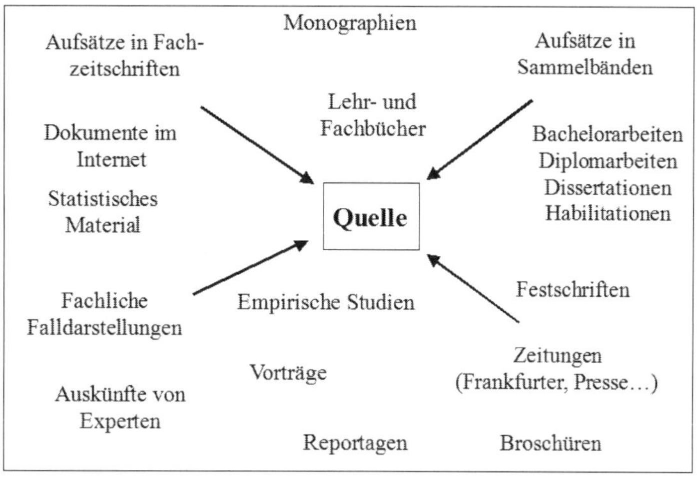

Abb. 1: Quellen, die wissenschaftliche Inhalte enthalten können[20]

2.3 Literaturrecherche im Zeitalter des Internet

Benützen Sie zum Einlesen in Ihr Thema zunächst einmal ältere (ruhig auch alte) Hand-, Lehr- und Fachbücher sowie Lexika (siehe Tab. 7). Erst danach sollten Sie, wenn Sie genau wissen, was Sie wollen und was Sie suchen, gezielt in Bibliotheken und dem Internet auf Literatursuche gehen. Ältere Hand-, Lehr- und Fachbücher bieten zudem den entscheidenden Vorteil, dass sie in der Regel auch in hochschuleigenen Bibliotheken lagernd sind und somit auch relativ rasch zum Einlesen zur Verfügung stehen. Im Hinblick auf effizientes Arbeiten kann Ihnen diese Vorgangsweise helfen, die Zeiten, in denen Sie auf neue (aktuelle) Literatur warten, sinnvoll zu überbrücken und gleichzeitig erste Informationen zu Ihrem Thema einzuholen.

(01) Arnold, Karl-Heinz, Sandfuchs, Uwe, Wiechmann, Jürgen (Hrsg.) (2009): *Handbuch Unterricht.* Bad Heilbrunn: Klinkhardt
In diesem Handbuch kann man u.a . Beiträge zu folgenden Themenbereichen finden: Bedingungen und Kontexte des Unterrichts, Unterrichtsmethodik, Unterricht und Medien, Schüler und Lehrer, Lernen und leisten und Vorbereitung und Analyse von Unterricht.

20 Vgl. Karmasin & Ribing 2007, S. 69

(02) Blömeke, Sigrid, Bohl, Thorsten, Haag, Ludwig, Lang-Wojtasik, Gregor, Sacher, Werner (Hrsg.) (2009): *Handbuch Schule*. Bad Heilbrunn: Klinkhardt
Dieses Handbuch beschäftigt sich u. a. mit Schultheorien, Aufgaben und Funktionen der Schule, Methoden der Schulforschung, historischen und vergleichenden Aspekten von Schule, der Makro- und der Mikroorganisation von Schule, Professionalisierungsfragen, Schulentwicklung, Schulqualität etc.

(03) Blömeke, Sigrid, Reinhold, Peter, Tulodziecki, Gerhard, Wildt, Johannes (Hrsg.) (2004): *Handbuch Lehrerbildung*. Bad Heilbrunn: Klinkhardt
Die Beiträge in diesem Buch lassen sich den drei Gesichtspunkten Lehrerbildung in ihrer Gesamtstruktur und Entwicklung, unterschiedliche Phasen und Orte in unterschiedlichen Ausbildungsgängen und spezifische Inhalte der Lehrerbildung zuordnen.

(04) Bohl, Thorsten, Helsper, Werner, Holtappels, Heinz Günter, Schelle, Carla (Hrsg.) (2010): *Handbuch Schulentwicklung*. Stuttgart: UTB
Themen dieses Handbuches sind u. a. Grundlagen und Kontexte der Schulentwicklung, Theorien und Konzepte der Schulentwicklung, Change Management an Schulen, Professionalisierung, Unterrichtsentwicklung etc.

(05) Einsiedler, Wolfgang, Götz, Margarete, Hacker, Hartmut, Kahlert, Joachim, Keck, Rudolf W., Sandfuchs, Uwe (Hrsg.) (2005): *Handbuch Grundschulpädagogik und Grundschuldidaktik* (2., überarb. Aufl.). Bad Heilbrunn: Klinkhardt
Dieses Buch widmet sich den wichtigen Themen der Fächer, die fundiert und differenziert auf der Basis des derzeitigen Erkenntnis- und Forschungsstandes aufgefächert werden. Großer Wert wird dabei auf die Bezüge zur pädagogischen Praxis gelegt.

(06) Franzmann, Bodo, Hasemann, Klaus, Löffler, Dietrich (Hrsg.) (2001): *Handbuch Lesen*. Baltmannsweiler: Schneider
Die Beiträge in diesem schon etwas älteren Buch reichen von der Psychologie des Lesens, also der kognitiven Konstruktivität im Leseprozess bis zur Leseförderung.

(07) Haider, Günter, Schreiner, Claudia (2006): *Die PISA-Studie. Österreichs Schulsystem im internationalen Wettbewerb*. Wien: Böhlau
Diese Literatur gibt Einblicke in die Intentionen der großen Schulleistungsstudien sowie die methodische Umsetzung und präsentiert die Ergebnisse zu den Aspekten Risikoschüler, Spitzenschüler, Migrationshintergrund, Chancengerechtigkeit, Motivation/Stress/Schulklima und Unterricht/Schulen/Umfeld.

(08) Helsper, Werner (Hrsg.) (2008): *Handbuch der Schulforschung* (2., durchges. und erw. Aufl.). Wiesbaden: Verl. für Sozialwissenschaften
Die großen Themenfelder in diesem Handbuch reichen von Entwicklung der Schulforschung, über die Forschungsansätze in der Schulforschung bis zu den Forschungsfeldern in der Schulforschung. Zudem finden sich u. a. Beiträge zu den Feldern Lehrerforschung, Schule und soziokulturelle Verhältnisse, Schülerforschung etc.

(09) Petermann, Franz, Eid, Michael (Hrsg.) (2006): *Handbuch der Psychologischen Diagnostik*. Göttingen: Hogrefe
Dieses Handbuch greift die Entwicklung des Einsatz psychometrischer Tests und physiologischer Methoden auf und bietet einen aktuellen Überblick über die Grundlagen und vielfältigen Anwendungsgebiete dieser zentralen Disziplin der Psychologie.

(10) Rost, Detlef H. (2013): *Interpretation und Bewertung pädagogisch-psychologischer Studien*. 3., vollst. überarb. u. erw. Auflage. Weinheim: Beltz
Dieses sehr pointiert und teilweise polemisch verfasste Werk gibt in Empirie wenig Bewanderten konkrete Tipps und Leitlinien zur Lektüre erfahrungswissenschaftlicher Untersuchungen, wie sie verstanden, interpretiert und besser gemacht werden könnten.

(11) Rost, Detlef H. (Hrsg.) (2006): *Handwörterbuch Pädagogische Psychologie* (2., überarb. und erw. Auflage). Weinheim: Beltz
In diesem sehr lesenswerten Werk findet man kurze und prägnante Beiträge zu relevanten Themen rund um Schule, Unterricht und Lernen. Dieses Handbuch eignet sich in besonderer Weise sich einem Thema anzunähern, es abzugrenzen und eine Forschungsfrage zu finden.

(12) Schwantner, Ursula, Schreiner, Claudia (Hrsg.) (2010): *PISA 2009. Internationaler Vergleich von Schülerleistungen. Erste Ergebnisse. Lesen, Mathematik, Naturwissenschaft*. Graz: Leykam
Diese Broschüre widmet sich den ersten Ergebnissen von PISA 2009, die im internationalen Vergleich und aus speziell österreichischer Perspektive im Überblick präsentiert werden. Zentrale Themen sind ist der umfangreiche Vergleich der Schülerleistungen in Lesen, das Leseengagement der 15-/16-Jährigen, die Kompetenzprofile für die beiden Nebendomänen Mathematik- und Naturwissenschaftskompetenz sowie die Verknüpfung der Leistungsdaten mit familiären Kontextbedingungen.

(13) Terhart, Ewald, Bennewitz, Hedda, Rothland, Martin (Hrsg.) (2011): *Handbuch der Forschung zum Lehrerberuf*. Münster: Waxmann.
In sieben großen Themenfeldern wird versucht umfassend zu informieren, u. a. Forschung zum Lehrerhandeln, Forschung zur Lehrerbildung, Forschung zu Lehrerkognitionen, -emotionen und Lehrerkompetenzen etc.

(14) Tippelt, Rudolf, Schmidt, Bernhard (Hrsg.)(2010):*Handbuch Bildungsforschung*. 3. Aufl. Wiesbaden: VS, Verl. für Sozialwiss.
Darin finden sich folgende Themen: Theorie und Bezugsdisziplin der Bildungsforschung, Methoden in der Bildungsforschung, Lehr- und Lernforschung, aktuelle Bereiche der Bildungsforschung usw.

(15) Weinert, Franz E. (Hrsg.) (1997): *Psychologie des Unterrichts und der Schule*. Göttingen: Hogrefe
Ein aus praxiserfahrenen Psychologen und Pädagogen bestehendes Autorenteam hat mit diesem Band ein umfassendes Orientierungs- und Nachschlagewerk über verschiedene Aspekte schulpraktischer Arbeit und Schwerpunkte pädagogisch-psychologischer Forschung geschaffen.

(16) Weinert, Franz E., Helmke, Andreas (Hrsg.) (1997): *Entwicklung im Grundschulalter*. Weinheim: Beltz
In diesem Buch werden u. a. Auskünfte gegeben, wie sich das Denken und Wissen, die Lern- und Leistungsmotivation im Grundschulalter entwickelt, die Unterrichtsqualität diese Entwicklung beeinflusst und welche Wirkungen schulischer Erfolg oder Misserfolg auf die Entwicklung hat.

(17)	Zlatkin-Troitschanskaia, Olga, Beck, Klaus, Sembill, Detlef, Nickolaus, Reinhold, Mulder, Regina (Hrsg.) (2009): *Lehrprofessionalität. Bedingungen, Genese, Wirkungen und ihre Messung*. Weinheim: Beltz Rund 60 Autorinnen und Autoren aus der empirischen Bildungsforschung – auch aus dem Bereich berufliches Lehren und Lernen – zeigen in dieser 750 Seiten umfassenden Zusammenschau, welche Wirkungen Lehrerprofessionalität hat und wie sie sich messen und entwickeln lässt.

Tab. 7: Hand- und Fachbücher für Erstrecherchen

Gab es bis vor wenigen Jahren nur begrenzte technische Möglichkeiten, Literatur zu einem Thema zu recherchieren, so hat sich diese Situation heute völlig geändert. Die Recherchearbeit beschränkte sich ausschließlich auf die Literaturverzeichnisse von bekannten Büchern und gebundenen Bibliografien. Im Zeitalter des Internet gelangen Sie aber viel rascher, billiger und einfacher zu viel Information. In Online-Datenbanken finden Sie eine integrierte Ansammlung von Daten, die allen Benutzern eines Anwendungsbereiches als gemeinsame Basis aktueller Information dient. Für Bildungswissenschaften können exemplarisch ERIC (Educational Resources Information Center) und FIS (Fachinformationssystem Bildung) genannt werden. Dort finden Sie nicht nur Fachpublikationen, sondern zum Teil auch populärwissenschaftliche Texte.[21]

In Zukunft ist damit zu rechnen, dass sämtliche akademische Zweckschriften wie Bachelor-, Diplom-, Masterarbeiten, Dissertationen etc. nicht nur mit ihrer Vollanzeige, sondern auch in ihrem Volltext via Internet abrufbar sein werden. Viele wissenschaftliche Vorträge, Aufsätze, Lexika sind heute schon in Online-Datenbanken gespeichert, einige davon sogar als Volltextdokument. Eignen Sie sich deshalb diese recherchetechnischen Möglichkeiten an und nützen Sie diese Dienste (zur Einführung in die Recherche im Internet siehe Abb. 2 bis Abb. 16 in diesem Kapitel). So können Sie via Internet von Ihrem Computer aus in der ganzen Welt recherchieren. Sie können auch für Sie interessante Volltextanzeigen – so sie im Internet zur Verfügung stehen – auf Ihren PC herunterladen und ausdrucken.

Der Österreichische Bibliothekenverbund ist der größte nationale Verbund universitärer, wissenschaftlicher und administrativer Bibliotheken des Landes. Aktiv nehmen rund 80 Bibliotheken von 65 Trägerinstitutionen durch Online-Katalogisierung an diesem Verbund teil, darunter die Österreichische Nationalbibliothek sowie alle bundesstaatlichen Universitätsbibliotheken. Zeitschriftenbestände sowie Buchbestände aus einem früheren Gesamtkatalog von weiteren 310 Einrichtungen werden nachgewiesen. An der Bibliothek der Universität Wien wurde mit der automationsunterstützten Katalogisierung im Jahr 1989 begonnen. Mit Beginn des Jahres 1999 wurde in Österreich ein neues EDV-System

21 Vgl. Bachmann 2005, S. 39

an den österreichischen Universitätsbibliotheken eingeführt. *Aleph 500* ist ein für Bibliotheken entwickeltes Betriebssystem und integriert sowohl den OPAC (Online Public Access Catalogue) als auch die CCL (Common Command Language) zu einem Bibliotheks- und Datenbanksystem mit Volltextanzeigen. Unter diesem System und seit dem Jahr 2004 auch unter seinem Schwestersystem *Alephino* werden sowohl die lokalen Online-Kataloge der einzelnen Verbundbibliotheken als auch der Österreichische Verbundkatalog, der von der Verbundzentrale betriebene Gesamtkatalog, frei zugänglich angeboten. Zusätzlich ist seit März 2011 die Suchmaschine des Österreichischen Bibliothekenverbundes online, die allmählich den alten Verbundkatalog ablösen wird. Der Gesamtkatalog weist ca. 8 Mio. Titel mit 15,2 Mio. Exemplaren sowie 0,7 Mio. Zeitschriftenbestandsangaben nach.[22]

Schwerpunktmäßig umfasst der Katalog Literatur ab dem Erscheinungsjahr 1980. Von den meisten Verbundteilnehmern wurde und wird auch ältere Literatur durch Nachbearbeitung einzelner Titel oder im Rahmen größerer Retrokatalogisierungsprojekte erfasst. Zunehmend werden im OPAC auch elektronische Dokumente wie Abstracts oder Inhaltsverzeichnisse nachgewiesen. Die grafische Benutzeroberfläche der Bibliothekenverbunde bietet Hilfestellung bei der Online-Suche nach Literatur und Quellen. Sie können nach Autoren, Schlagworten etc. suchen und auch Bestände abfragen. Sie können je nach Organisationsstruktur verschiedene Kataloge (Literaturverzeichnisse), u.a. auch den Gesamtkatalog, aufrufen. Die neue Suchmaschine des Österreichischen Bibliothekenverbundes, die Titel des Verbundkataloges mit digitalen Objekten (Volltexte, Inhaltsverzeichnisse etc.) verbindet, listet beispielsweise 38.181 Werke zum Schlagwort *Pädagogik* auf. Der Gesamtkatalog des Österreichischen Bibliothekenverbundes weist 30.994 Treffer auf und die Universitätsbibliothek Wien allein verfügt über 15.812 Werke zum gleichen Schlagwort.[23]

Grundsätzlich ist es möglich, aus den Beständen öffentlicher Bibliotheken Bücher und Zeitschriftenbände zu entlehnen. Allerdings unterscheiden sich die Entlehnbedingungen der einzelnen Bibliotheken. Es gibt Präsenzbibliotheken, wo die Bände nicht entlehnbar sind, ebenso wie Entlehnbibliotheken, an denen Sie Bücher bis zu acht Wochen lang ausborgen können. Für genauere Auskünfte zu den entsprechenden Entlehnbedingungen konsultieren Sie bitte die Website der jeweiligen Bibliothek. Um Bücher zu entlehnen, ist auf jeden Fall ein Entlehnausweis bzw. eine Erstanmeldung erforderlich. Üblicherweise geschieht dies persönlich mit Ihrem Studierendenausweis bzw. Reisepass und Ihrem Meldenachweis. In manchen Bibliotheken ist auch eine Online-Anmeldung möglich. Mit Ihrer Anmeldung erhalten Sie den Zugangscode für die erweiterte Online-Recherche, für Literaturreservierungen und für Bestellungen.

Datenbanken können ebenfalls zur Literatursuche herangezogen werden. Sie dienen vor allem der Katalogisierung von Artikeln in Fachzeitschriften, von Konferenz- und

22 Vgl. Österreichischer Bibliothekenverbund: URL: http://www.obvsg.at/bibliothekenverbund/grundlagen/ [1.6.2011]
23 Datum der Recherche: 1. Juni 2011

Tagungsberichten. Viele der Datenbanken und Websites können Sie direkt und anonym von zu Hause aus nutzen, einige jedoch nur nach Login (Benutzername/ID-Code oder Passwort des Entlehnausweises) oder nur innerhalb des Netzwerkes der jeweiligen Bibliothek bzw. Universität. Darüber hinaus funktionieren manche Datenbanken nur, wenn Sie JavaScript aktiviert haben und Cookies akzeptieren. Sie sollten daher in Ihrem Browser beide Optionen eingeschaltet haben.

Überdies können Sie über *Aleph 500* auch Literatur per Fernleihe bestellen. Die Fernleihe beschafft Bücher aus Bibliotheken außerhalb Ihrer Bibliothek, die von Ihnen dann an Ihrer Bibliothek abgeholt werden können. Sie kann in Anspruch genommen werden, wenn die benötigte Literatur an Ihrer Bibliothek nicht vorhanden ist. Das Ausleihen ist grundsätzlich kostenpflichtig, zumeist werden nur die Portokosten verrechnet. Allerdings beschränkt sich der internationale Fernleiheverkehr derzeit auf Europa.

Fallweise wird auch die Möglichkeit angeboten, Werke zu bestellen und mit der Post an Ihre Wohnadresse liefern zu lassen. Sie müssen lediglich die Postgebühren für Hin- und Rücksendung übernehmen. Die Entlehnung auf diesem Weg unterliegt der jeweils geltenden Bibliotheksordnung der liefernden Bibliothek. Bei Unklarheiten zu Entlehnmöglichkeiten und Entlehnbedingungen informieren Sie sich am besten über die jeweiligen Websites der Bibliotheken oder rufen Sie bei konkreten Fragen bei der jeweiligen Bibliothek an.

2.4 Recherchieren in elektronischen Bibliothekskatalogen

Beginnen Sie Ihre Literatursuche in möglichst aktuellen Handbüchern oder Fachzeitschriften, danach suchen Sie in Monografien und Sammelwerken. Nützlich können auch Verlagsprospekte und Rezensionen sein. Exemplarisch und stellvertretend für sämtliche Recherchen in Bibliotheksverbunden zeigen wir Ihnen hier das Online-Recherchieren mit der Suchmaschine des Österreichischen Bibliothekenverbundes. Dieser ist die größte österreichische Datenbank im Bereich akademischer Literatur. Empfehlenswert ist, sich erstmals in Bibliotheken persönlich zu informieren und sich das elektronische Recherchieren zeigen zu lassen. Die Bibliotheken sind dafür eingerichtet und betreiben oftmals eigene Informationsstellen. Auch die Online-Hilfen auf den Bibliotheksplattformen können einen Einstieg in das Recherchieren ermöglichen.

Steigen Sie mit Ihrem Internetprogramm (Browser) ins Internet ein und suchen Sie die Seite der Universitätsbibliothek Wien unter der Internetadresse (URL) http://bibliothek.univie.ac.at/auf (siehe Abb. 2). Mit einem Bestand von über 6,8 Millionen Büchern ist sie die größte Bibliothek Österreichs; gleichzeitig ist sie die älteste Universitätsbibliothek im deutschen Sprachraum.[24] Klicken Sie auf den Link *Recherche* (siehe Pfeile in Abb. 2).

24 Gründung im Jahr 1365

Abb. 2: Homepage der Universitätsbibliothek (UB) Wien

Nun haben Sie die Möglichkeit in den Beständen der Universitätsbibliothek zu recherchieren (siehe strichlierter Pfeil in Abb. 3) oder in anderen Katalogen, beispielsweise im Gesamtkatalog des Österreichischen Bibliothekenverbundes. Dazu klicken Sie auf den Link *weitere Bibliothekskataloge* (siehe Pfeil in Abb. 3).

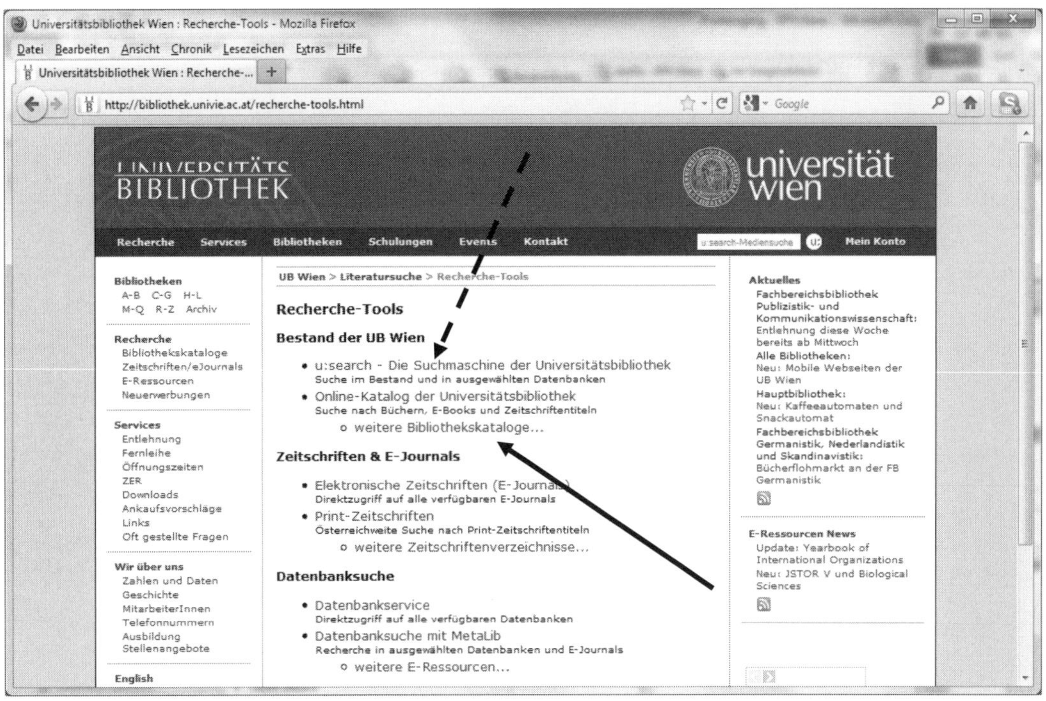

Abb. 3: UB Wien – Literaturrecherche

Wählen Sie Österreichischer *Bibliothekenverbund – Gesamtkatalog* (siehe Pfeil in Abb. 4).

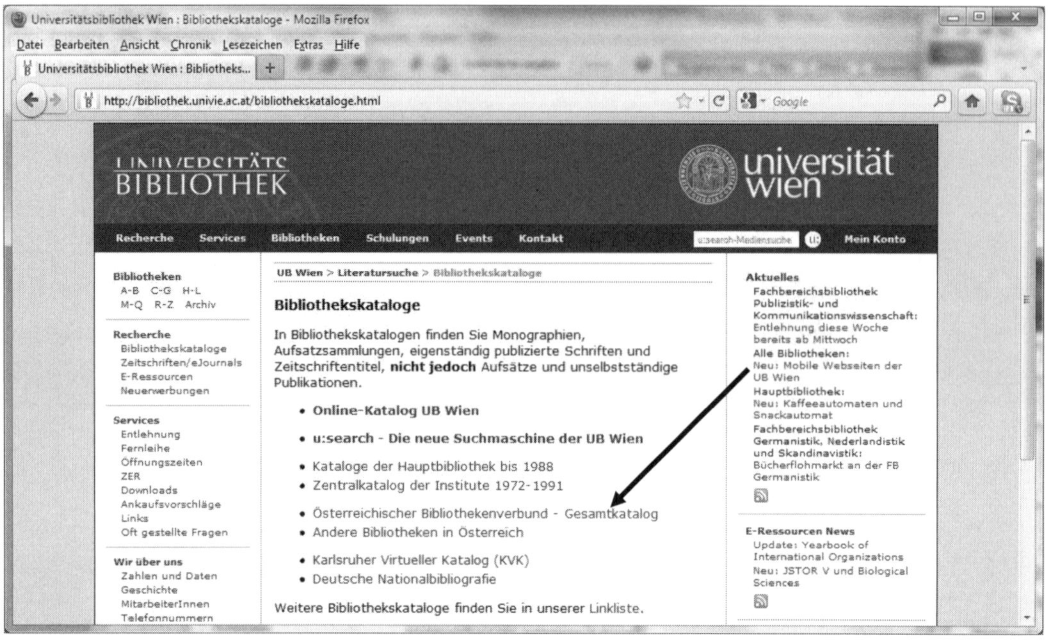

Abb. 4: UB Wien – Bibliothekskataloge

Wählen Sie die Suche in der neuen Verbundsuchmaschine (siehe Pfeil in Abb. 5).

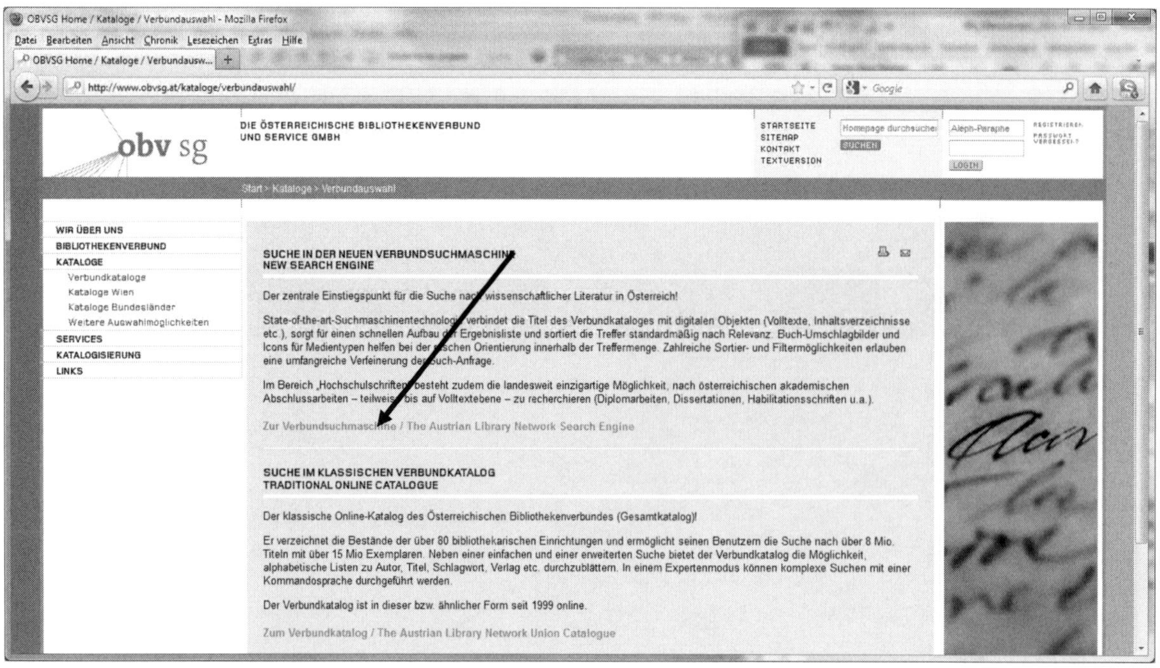

Abb. 5: Österreichischer Bibliothekenverbund

Wenn Sie im folgenden Suchfeld (Schnellsuche) den Begriff *lehrerbildung* (Groß-/Kleinschreibung ist nicht relevant) eintippen (siehe Pfeil in Abb. 6) und mit Enter bestätigen, erhalten Sie 4.258 Treffer-Ergebnisse,[25] wobei die ersten 10 Treffer nach Relevanz sortiert angezeigt werden (siehe Abb. 7).

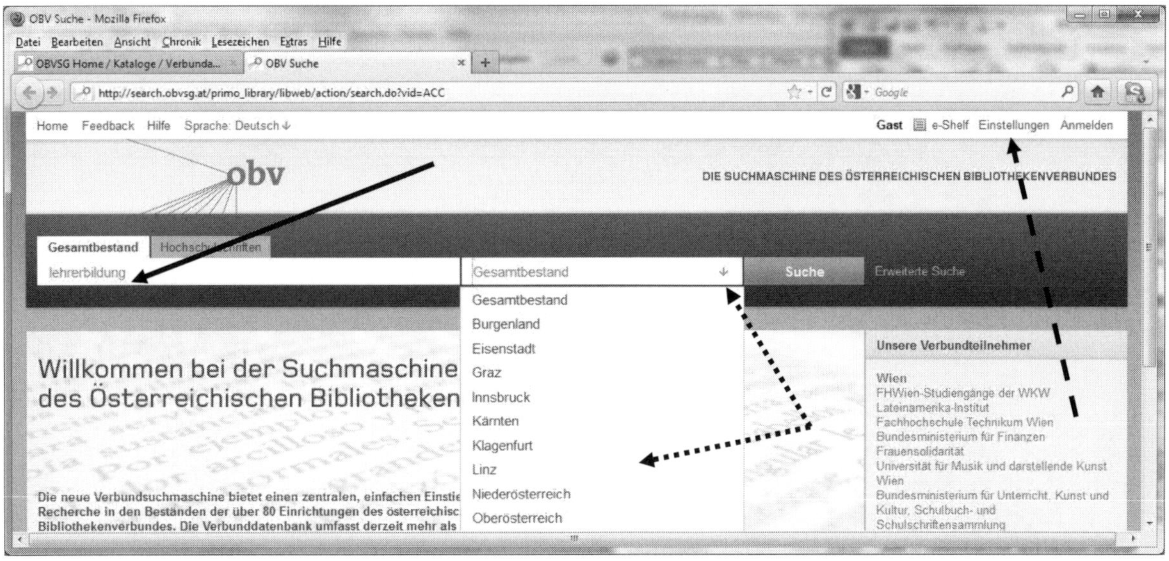

Abb. 6: Suchfeld – Schnellsuche im Österreichischen Bibliothekenverbund

Die Anzahl der angezeigten Treffer pro Seite können Sie über *Einstellungen* (siehe strichlierter Pfeil in Abb. 6) festlegen. Sie können Ihre Suche auch regional beschränken (siehe punktierte Pfeile in Abb. 6). Mit der Schaltfläche *Vor* bzw. *Zurück* am rechten unteren Rand der Suchmaske können Sie die nächsten bzw. vorigen 10 Treffer einsehen (siehe Pfeil in Abb. 7). Die Sortierfolge lässt sich über den kleinen nach unten weisenden Pfeil ändern (siehe strichlierter Pfeil in Abb. 7).

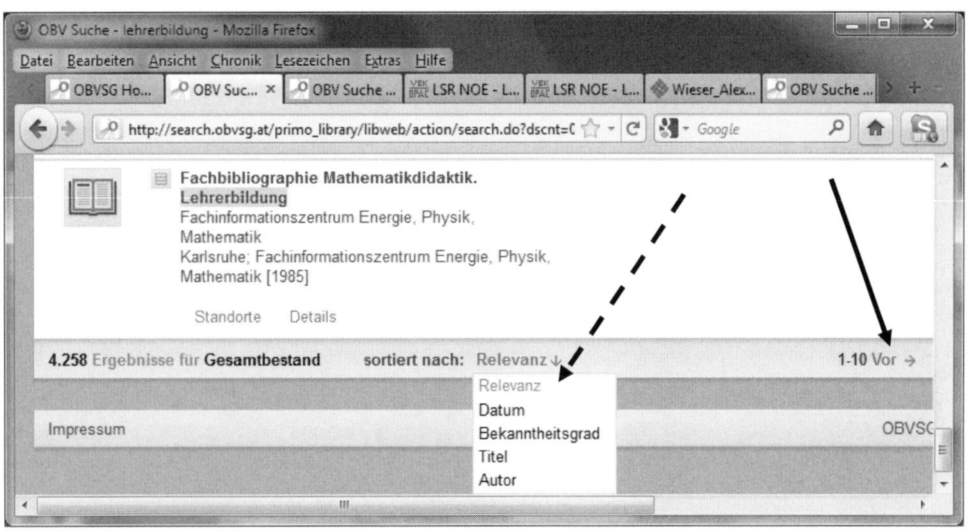

Abb. 7: Sortierreihenfolge im Österreichischen Bibliothekenverbund

25 Datum der Recherchen: 1. Juni 2011

Das Schlagwort *unterricht* ergibt beispielsweise 86.540 Treffer, das Schlagwort *burnout* ergibt 1.231 Treffer. Bei den Recherchen sollten Sie jedoch die Anzahl der Treffer durch weitere Schlagworte (Kombination von Schlagworten) so eingrenzen, dass Sie nicht mehr als 20 bis 30 Treffer erhalten. Jede größere Anzahl werden Sie nur schwer bewältigen, da das Durcharbeiten unübersichtlich wird. Grenzen Sie die Anzahl der Treffer durch die Kombination der Schlagworte *unterricht burnout* ein. Sie erhalten 17 Treffer (siehe Abb. 8).

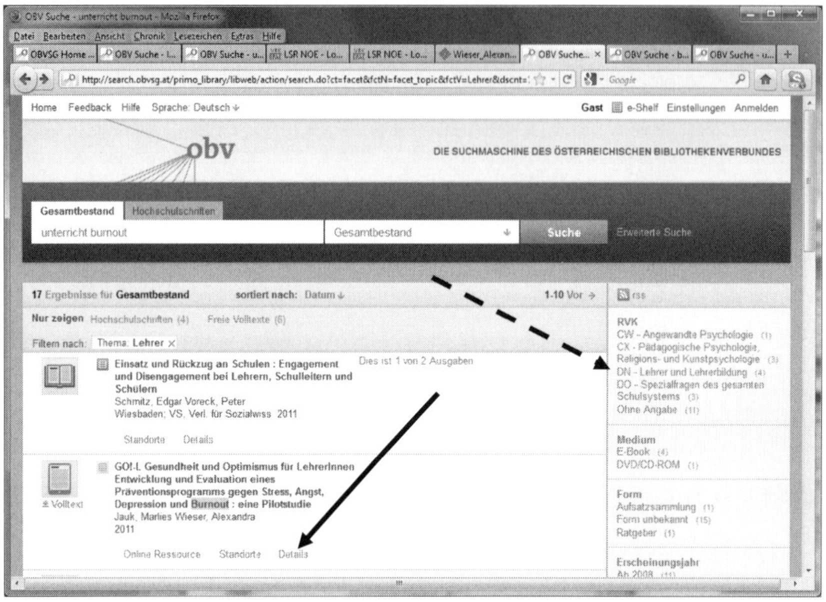

Abb. 8: Ergebnisse zu den Schlagworten *unterricht burnout*

Weitere Eingrenzungen können Sie durch die Filtervorschläge an der rechten Seite des Suchfensters vornehmen (siehe strichlierter Pfeil in Abb. 8). Bei Sortierung nach dem Datum wird Ihnen als zweites Werk die Dissertation von Marlies Jauk und Alexandra Wieser angezeigt. Nähere bibliographische Angaben zum Werk erhalten Sie durch Klicken auf *Details* (siehe Pfeil in Abb. 8).

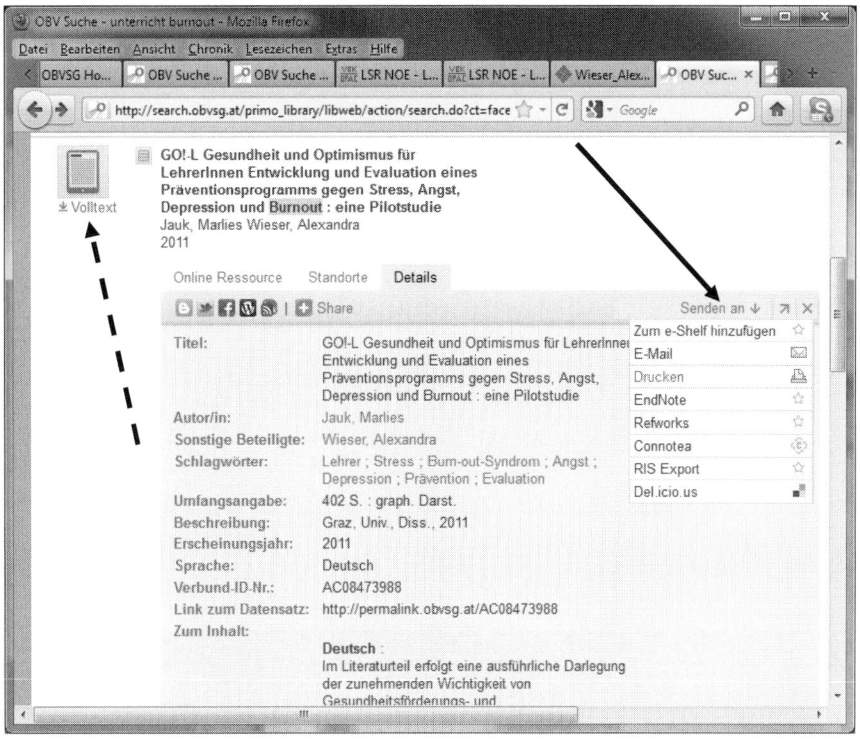

Abb. 9: Bibliografische Angaben anzeigen und ausdrucken

Diese Vollanzeige der bibliografischen Angaben kann über *Senden an/Drucken* ausgedruckt werden (siehe Pfeil in Abb. 9). Den Volltext der Dissertation können Sie mit Klick auf den Link *Volltext* (siehe strichlierter Pfeil in Abb. 9) im pdf-Format downloaden, auf Ihrem PC speichern, ausdrucken etc. (siehe Abb. 10).

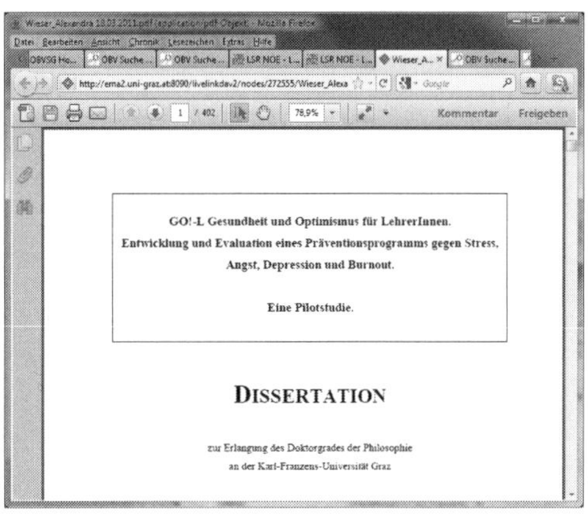

Abb. 10: Volltext im pdf-Format

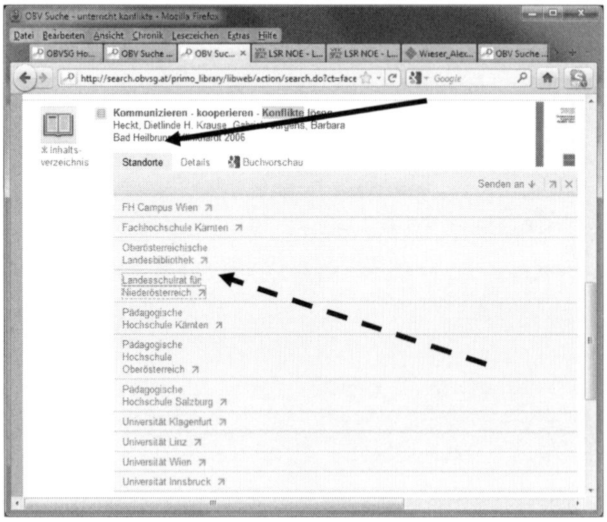

Abb. 11: Bestandsangaben zu einem bestimmten Werk

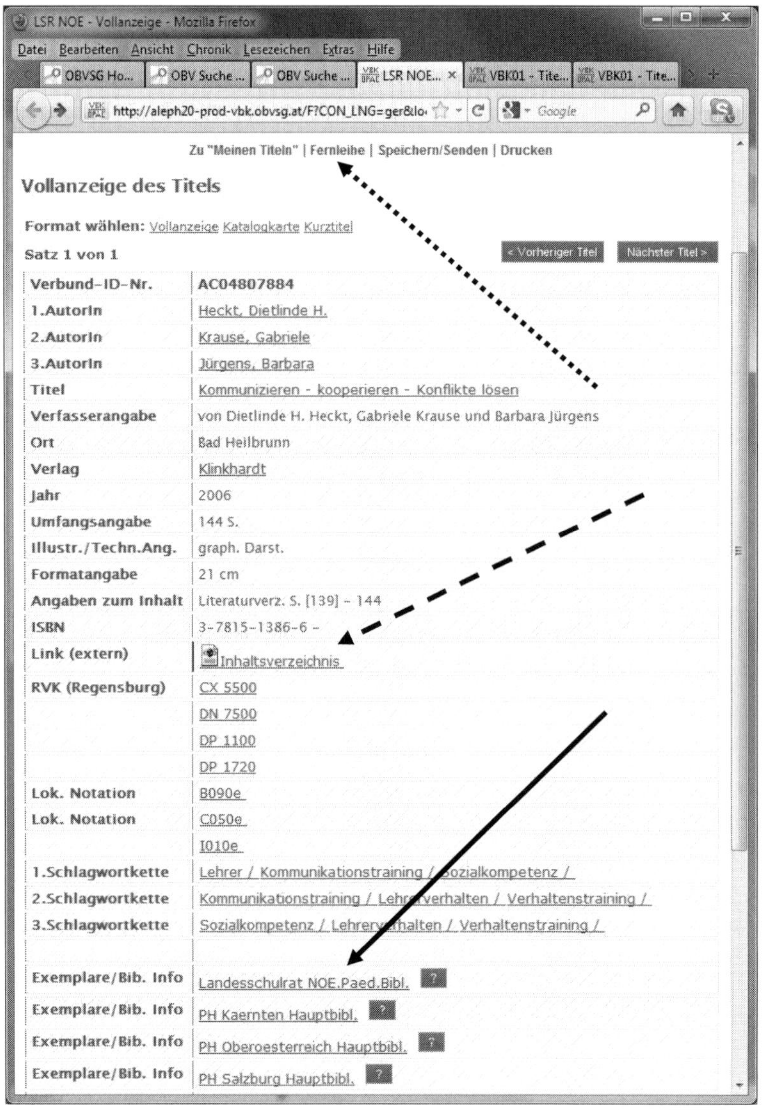

Abb. 12: Vollanzeige eines Suchtreffers

Zu jedem Werk können Sie der Anzeige unter Standorte entnehmen (siehe Pfeil in Abb. 11), wo es katalogisiert ist. Das Buch *Kommunizieren – kooperieren – Konflikte lösen* von Heckt et al. befindet sich beispielsweise in der Bibliothek des Landesschulrates für Niederösterreich. Ein Klick auf *Landesschulrat für Niederösterreich* (siehe strichlierter Pfeil in Abb. 11) bringt Sie zum Online-Katalog dieser Bibliothek. Ein Klick auf *Landesschulrat NOE.Paed.Bibl.* (siehe Pfeil in Abb. 12) listet Ihnen die Bestandsangaben zu dem Werk auf.

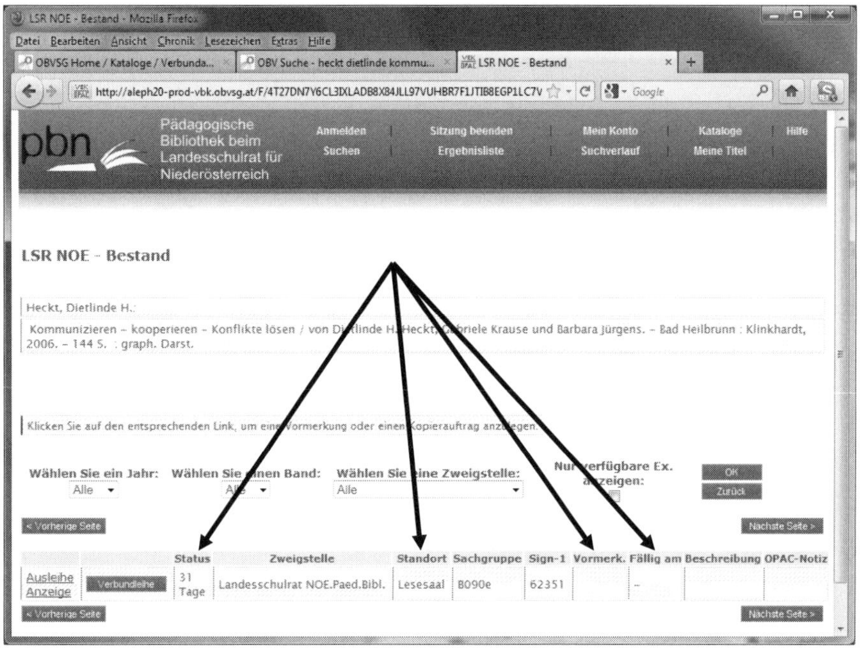

Abb. 13: Bestandsangaben zu einem Werk

Sie sehen, dass dieses Buch im Lesesaal steht und 31 Tage entlehnt werden kann (im Gegensatz zu Büchern, die ausschließlich im Lesesaal aufgestellt sind) und zurzeit weder entlehnt noch vorgemerkt ist, folglich zur Verfügung steht (siehe Pfeile in Abb. 13). Das Inhaltsverzeichnis (siehe Abb. 14) können Sie sich über den Link *Inhaltsverzeichnis* (siehe strichlierter Pfeil in Abb. 12) anzeigen lassen.

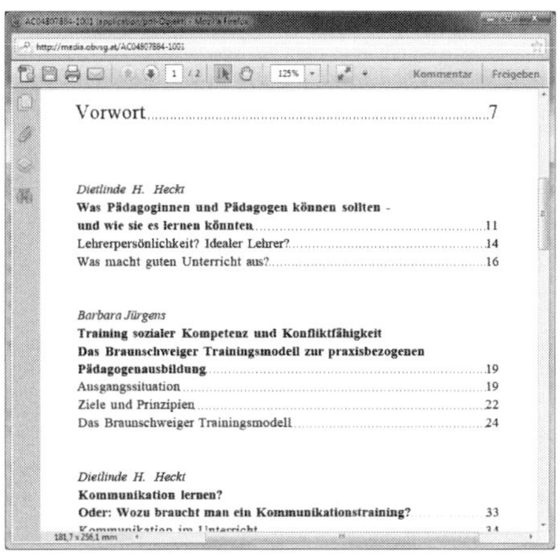

Abb. 14: Inhaltsverzeichnis anzeigen lassen

Über den Link *Fernleihe* (siehe punktierter Pfeil in Abb. 12) können Sie sich das Buch schicken lassen, vorausgesetzt, Sie verfügen über eine Fernleiheberechtigung (Benutzername/ ID-Code und Passwort, siehe Abb. 15).

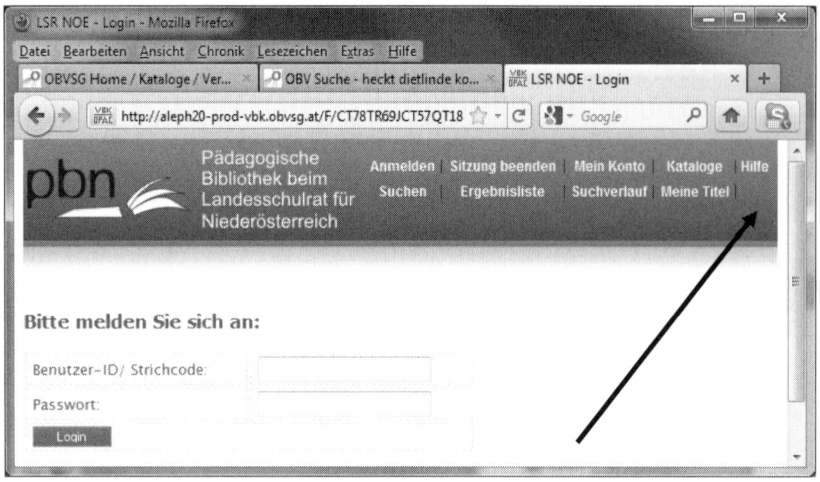

Abb. 15: Fernleihe über den Online-Katalog der Pädagogischen Bibliothek NÖ

Wie Sie zu einer Entlehnberechtigung (Entlehnausweis) kommen, erfahren Sie am besten, wenn Sie an der jeweiligen Bibliothek anrufen und sich informieren. Grundsätzlich kann man an jeder öffentlichen Bibliothek Literatur entlehnen (auch über Fernleihe). Zumeist muss man sich das erste Mal persönlich mit Lichtbildausweis und Meldezettel anmelden. Sie erhalten einen Benutzernamen/ID-Code und ein Passwort und können nun auch authentifizierungspflichtige Datenbanken von den Computern in den Lesesälen aus nutzen.

Viele Unklarheiten lassen sich mit dem Link *Hilfe* (siehe Pfeil in Abb. 15) und/oder *FAQ* (Frequently Asked Questions, häufig gestellte Fragen) beseitigen (siehe Abb. 16).

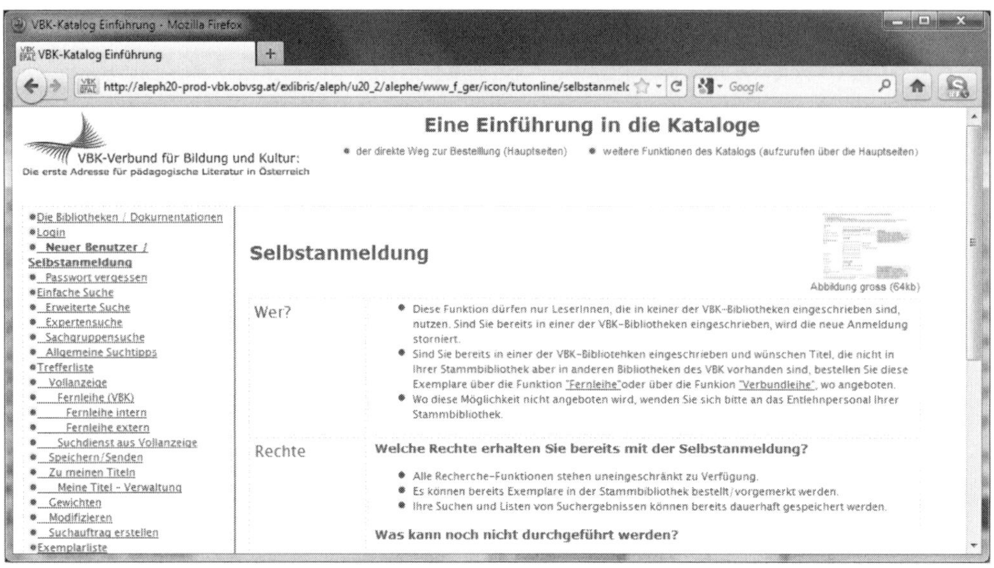

Abb. 16: Hilfe zum Online-Katalog

2.5 Pädagogisch interessante Portale und Fachportale

2.5.1 Das Portal des Institutes „bifie"

Das Akronym „bifie" steht für „Bildungsforschung, Innovation & Entwicklung des österreichischen Schulwesens". Dieses Institut hat mehrere Standorte, nämlich Wien, Salzburg und Graz.

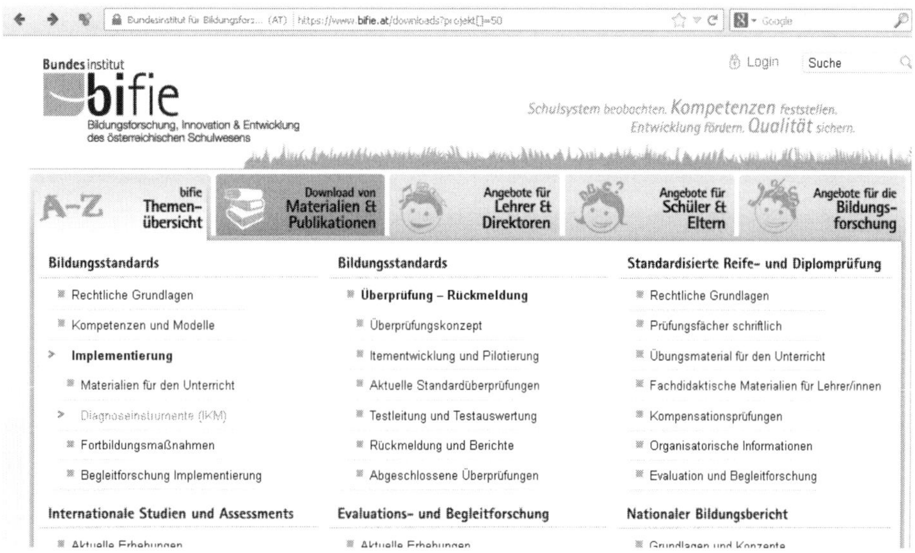

Abb. 17: Website des „bifie"

In der obigen Darstellung wurde das Schlagwort Bildungsstandards angewählt. Man findet Materialien für den Unterricht in Zusammenhang mit den Bildungsstandards, die Handbücher zu den Bildungsstandards, Aufgaben für informelle Kompetenzmessungen usw. Für Forscher/innen ist das Schlagwort „Internationale Studien" von Relevanz. Dort sind die Berichte zu PIRLS, TIMSS, PISA und TALIS zu finden.

Abb. 18: Website des „bifie" mit den internationalen Studien

2.5.2 Das Portal „Max-Plank-Institut für Bildungsforschung"

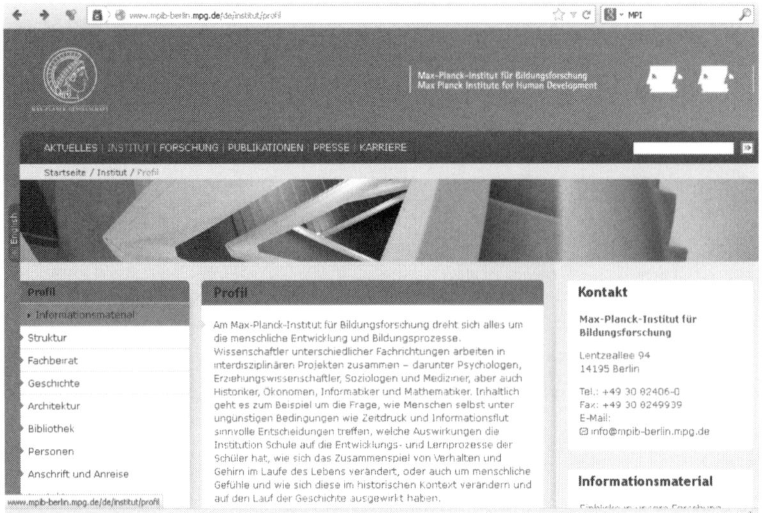

Abb. 19: Website des MPI

Geforscht wird in den vier Forschungsfeldern: (1) Der Forschungsbereich Adaptives Verhalten und Kognition untersucht menschliche Rationalität, insbesondere Risikoverhalten und Entscheidungen in einer unsicheren Welt. (2) Der Forschungsbereich für Adaptive Rationalität untersucht kognitive Prozesse wie Urteils- und Entscheidungsfindung mit dem Ziel, spezifische Modelle zum Konzept der „Begrenzten Rationalität" zu entwickeln. (3) Im Forschungsbereich Entwicklungspsychologie werden menschliche Entwicklungsverläufe während der gesamten Lebensspanne und im Hinblick auf etwaige Optimierungsstrategien analysiert. Die Forschungsarbeiten beschäftigen sich mit kognitiven, persönlichkeitsbezogenen und sozialpsychologischen Aspekten der Entwicklung von Kindern, Jugendlichen, Erwachsenen und älteren Menschen. (4) Haben Gefühle eine Geschichte? Und: Machen Gefühle Geschichte? Diese Fragen stehen im Zentrum des Forschungsbereichs Geschichte der Gefühle (Direktorin: Ute Frevert). In engem Gespräch mit Psychologen und Erziehungswissenschaftlern, aber auch mit Ethnologen, Soziologen, Literatur-, Kunst- und Musikwissenschaftlern erkunden Historiker die Gefühlsordnungen der Vergangenheit.

2.5.3 Das IPN (Leibniz-Institut für Pädagogik der Naturwissenschaften und Mathematik)

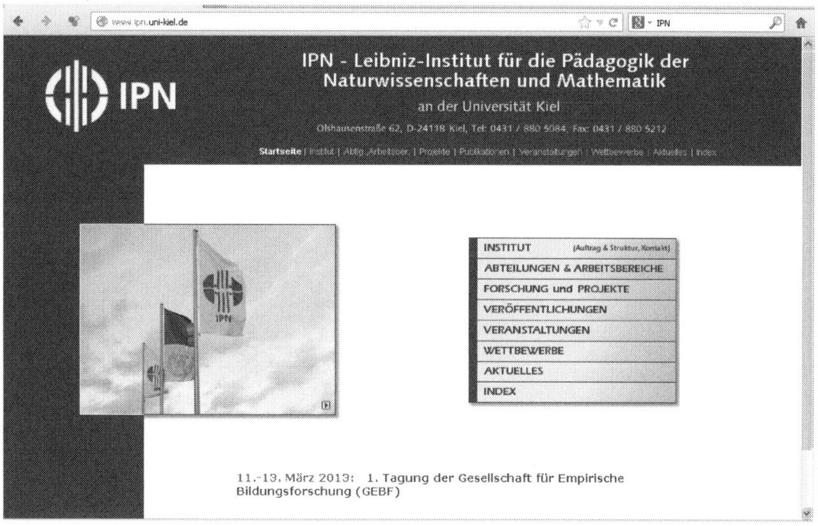

Abb. 20: Website des IPN

Sehr informationsreich ist die Liste der alphabetisch gereihten Forschungsprojekte. Insbesondere für das Auffinden von Themen und Forschungsfragen ist diese Liste von großem Nutzen.

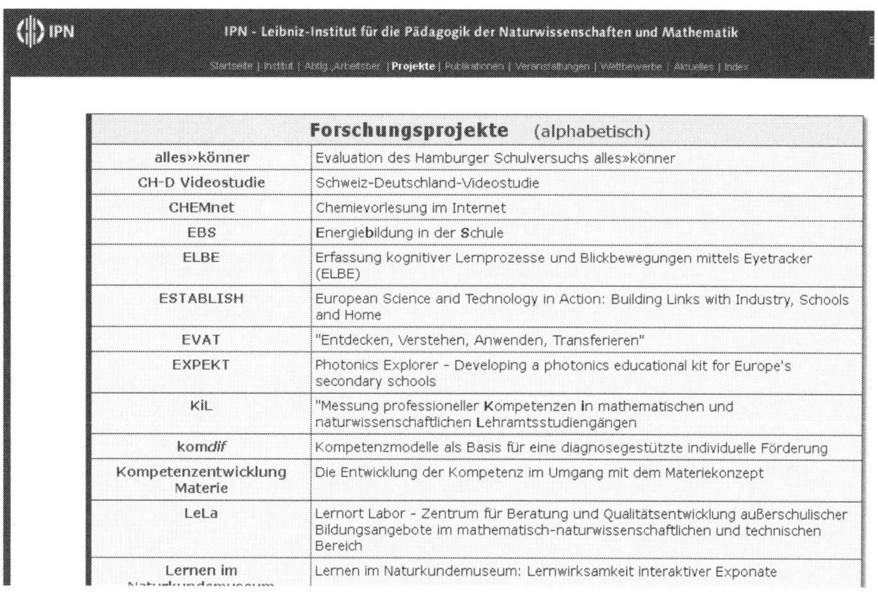

IPN - Leibniz-Institut für die Pädagogik der Naturwissenschaften und Mathematik

Forschungsprojekte (alphabetisch)	
alles»könner	Evaluation des Hamburger Schulversuchs alles»könner
CH-D Videostudie	Schweiz-Deutschland-Videostudie
CHEMnet	Chemievorlesung im Internet
EBS	Energiebildung in der Schule
ELBE	Erfassung kognitiver Lernprozesse und Blickbewegungen mittels Eyetracker (ELBE)
ESTABLISH	European Science and Technology in Action: Building Links with Industry, Schools and Home
EVAT	"Entdecken, Verstehen, Anwenden, Transferieren"
EXPEKT	Photonics Explorer - Developing a photonics educational kit for Europe's secondary schools
KiL	"Messung professioneller Kompetenzen in mathematischen und naturwissenschaftlichen Lehramtsstudiengängen
komdif	Kompetenzmodelle als Basis für eine diagnosegestützte individuelle Förderung
Kompetenzentwicklung Materie	Die Entwicklung der Kompetenz im Umgang mit dem Materiekonzept
LeLa	Lernort Labor - Zentrum für Beratung und Qualitätsentwicklung außerschulischer Bildungsangebote im mathematisch-naturwissenschaftlichen und technischen Bereich
Lernen im	Lernen im Naturkundemuseum: Lernwirksamkeit interaktiver Exponate

Abb. 21: Website des IPN mit Forschungsprojekten

2.5.4 Das Portal der OECD Berlin

Die OECD (Organisation for Economic Co-operation and Development) mit Sitz in Paris wurde 1961 gegründet. Dieser Organisation gehören 34 Länder an.

Abb. 22: Website der OECD

Ein Arbeitsfeld der OECD ist auch der Bereich der Bildung. In gewissen Abständen wird eine umfassende Publikation zum Bildungswesen der Mitgliedsländer herausgegeben („Education at a Glance"). Von dieser Organisation wird unter anderem auch die PISA-Studie in Auftrag gegeben.

Abb. 23: Website der OECD mit Darstellung zu Themen

2.5.5 Das Fachportal „pedocs"

Dieses Fachportal ist eine wahre Fundgrube für Publikationen und bietet zahllose Anregungen für die Themenfindung und für Forschungsfragen.

Abb. 24: Website des Fachportals „pedocs"

2.5.6 Portal „deutscher Bildungsserver"

Mittlerweile richtet sich die Leseförderung besonders an Jungen. Unter dem Schlagwort „Leseförderung bei Jungen" findet man eine Reihe von einschlägigen Publikationen.

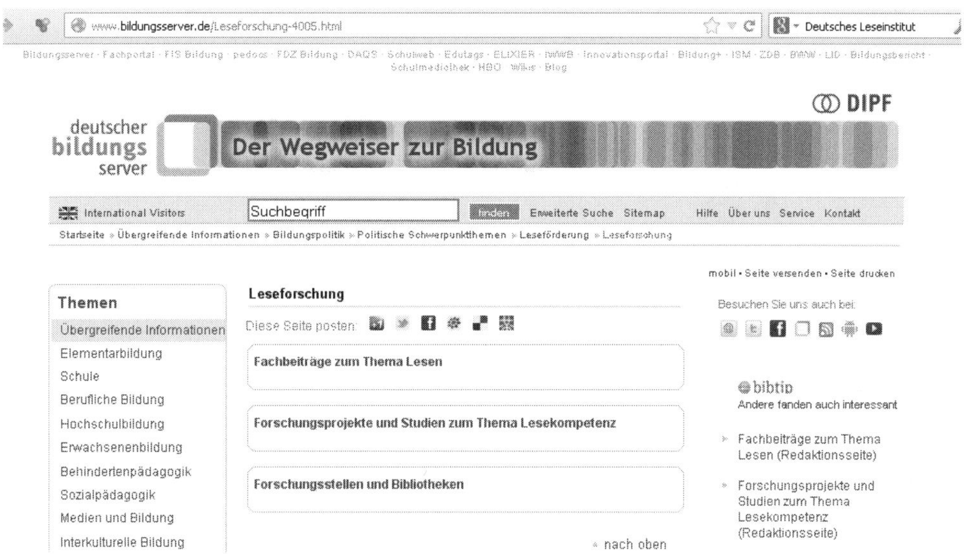

Abb. 25: Website des DIPF

2.5.7 Homepage des BMUKK

Auf diese Homepage wird deshalb hingewiesen, weil darauf der Nationale Bildungsbericht zu finden ist. Dieser bietet ein Fülle von interessanten Themen (z.B. Wirkung von sozioökonomischen Faktoren auf den Bildungsertrag, die Notwendigkeit der Aneignung von diagnostischen Kompetenzen für Lehrerinnen und Lehrer, Sprachförderung zur Vorbereitung auf den Erstleseunterricht usw.).

Abb. 26: Website des BMUKK

2.5.8 URL von bekannten Forscherinnen und Forschern

Christoph Selter lehrt an der TU Dortmund und beschäftigt sich mit Fragen der Didaktik des Mathematikunterrichts der Grundschule. Bekannt wurden seine Programme PIKAS und KIRA.

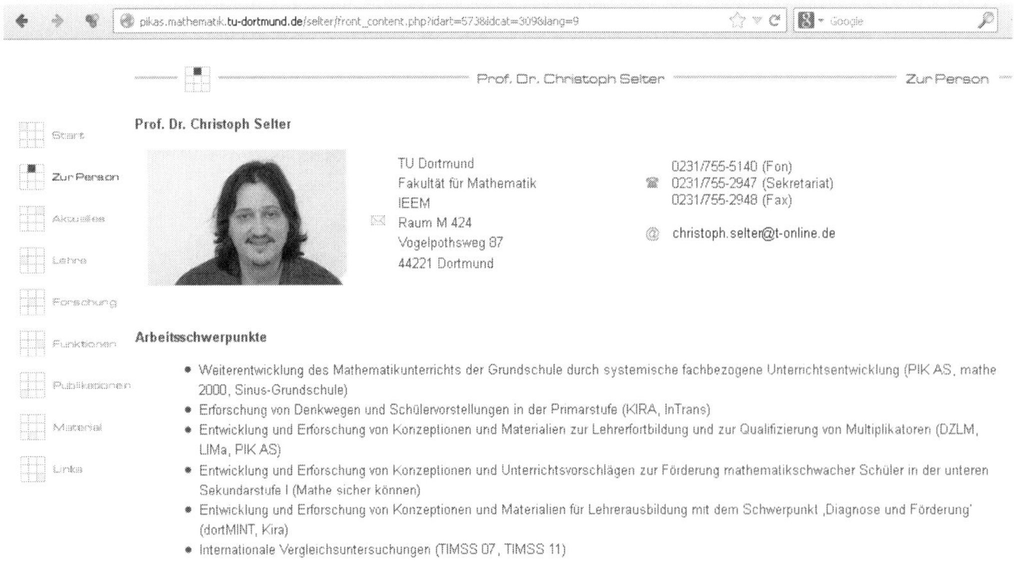

Abb. 27: Website von Christoph Selter

Gisela Lück lehrt an der Universität Bielefeld und wurde als Didaktikerin für Naturwissenschaft in der Grundschule bekannt. Sie hat zahlreiche Bücher verfasst, die in das Experimentieren in Kindergarten und Grundschule einführen.

Abb. 28: Website der Universität Bielefeld

2.6 Arbeiten mit Literaturverwaltungssoftware

Literaturverwaltungsprogramme wie beispielsweise Zotero (http://www.zotero.org), Citavi (http://citavi.com) oder EndNote (http://endnote.com) helfen Ihnen beim Recherchieren, Sammeln und Organisieren von Quellen. Plugins für Word oder OpenOffice erlauben die direkte Integration in die Textverarbeitung. Ein wesentlicher Vorteil liegt in der Unterstützung des vorwissenschaftlichen Schreibens durch das automatisierte Erstellen von Verweisen (Zitationen) und Literaturverzeichnissen sowie durch Möglichkeiten zur Synchronisation und Zusammenarbeit mit Ihren Teammitgliedern. Im Folgenden erläutern wir beispielhaft das Arbeiten mit der freien, quelloffenen Anwendung Zotero. Sie können Zotero als eigenständiges Programm installieren (= Zotero Standalone) oder als Zusatz-Software für den Firefox-Browser (= Zotero for Firefox).

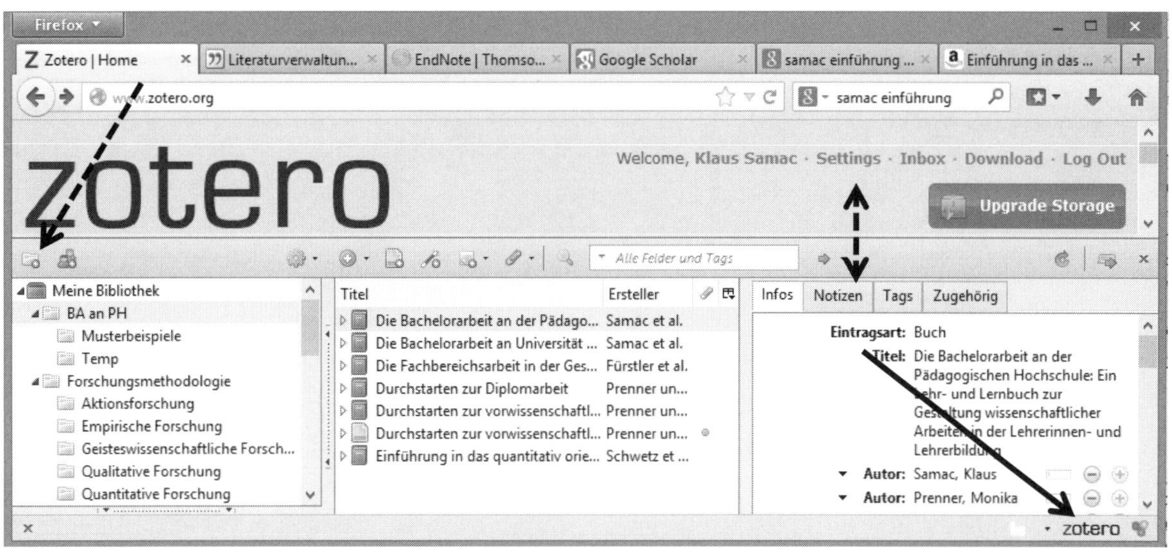

Abb. 29: Zotero-Benutzeroberfläche

Nach einer erfolgreichen Installation von Zotero Standalone öffnet sich das Programmfenster. Sollten Sie Zotero for Firefox installiert haben, öffnet sich Zotero, wenn Sie im Firefoxfenster je nach Einstellung auf das *Zoterozeichen* bzw. den *Zoteroschriftzug* klicken (rechts unten im Browserfenster; siehe Pfeil in Abb. 29) und den Rahmen bei gedrückter Maustaste in die Höhe ziehen (siehe strichlierten Doppelpfeil in Abb. 29). Die Zotero-Benutzeroberfläche ist in drei Spalten gegliedert. Die linke Spalte gibt Ihnen einen Überblick über Ihre Sammlungen. Um Ihre Quellen zu organisieren, legen Sie in Ihrer Zotero-Bibliothek über den Button *Neue Sammlung…* (siehe strichlierten Pfeil in Abb. 29) sogenannte Sammlungen an, die jeweils eine Teilmenge Ihrer Bibliothek enthält. Jede Sammlung kann weitere Untersammlungen enthalten. Die mittlere Spalte zeigt Ihnen den Inhalt der Sammlung an, die in der linken Spalte markiert ist. Wenn Sie in der linken Spalte ganz oben *Meine Bibliothek* markiert haben, wird in der mittleren Spalte der gesamte Inhalt Ihrer Bibliothek angezeigt. Die rechte Spalte zeigt Ihnen Informationen über die in der mittleren Spalte ausgewählte Quelle.

Ein paar Grundeinstellungen sollten vor dem ersten Arbeiten über *Aktionen* (siehe Pfeil in Abb. 30) und *Einstellungen* (siehe strichlierten Pfeil in Abb. 30) vorgenommen werden. Die Auswahl Zitieren (siehe Abb. 30) bietet die zwei Registerkarten *Textverarbeitungsprogramme* und *Stile* an, in denen die Plugins für die Textverarbeitungsprogramme und die installierten Zitierstile verwaltet werden.

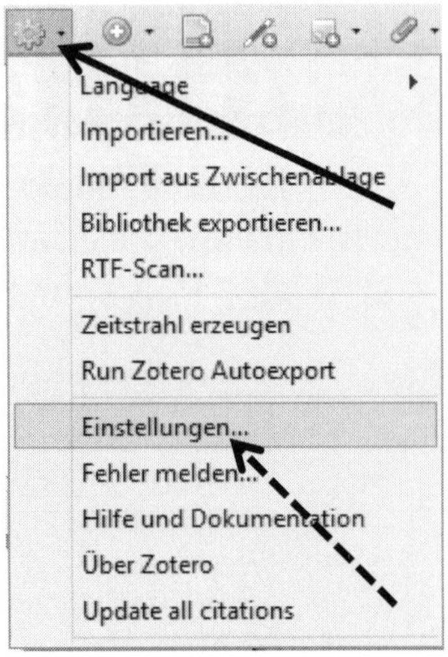

Abb. 30: Einstellungen ändern

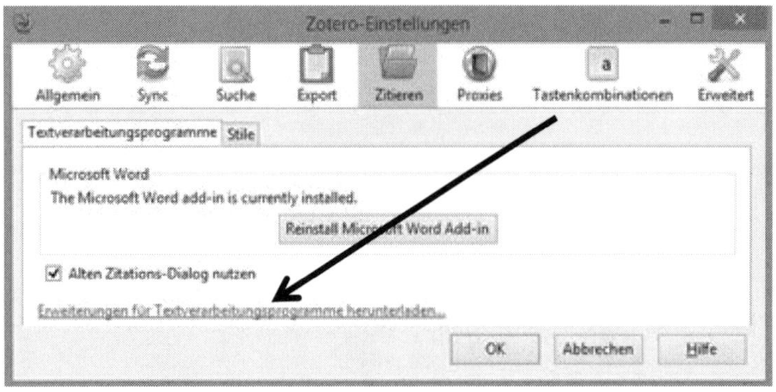

Abb. 31: Zotero-Textverarbeitungs-Plugin downloaden

Auf der Registerkarte *Textverarbeitungsprogramme* laden Sie das passende Plugin für Ihr Textverarbeitungsprogramm herunter (siehe Pfeil in Abb. 30). Auf der Registerkarte Stile werden die vorinstallierten Zitierstile angezeigt, die Sie mit zusätzlichen erweitern können. Wenn Ihre betreuende Lehrperson zustimmt, installieren Sie einen der beiden Zitierstile *Bachelorarbeit*, er hält sich exakt an die Vorgaben dieses Lehrbuches. Dazu klicken Sie auf der Registerkarte *Stile auf Weitere Stile hinzufügen*…. (siehe Pfeil in Abb. 32) Daraufhin öffnet sich in Ihrem Browser (Firefox) die Website *Zotero Style Repository* (siehe Abb. 33), auf der Sie über das Suchfeld (*Bachelorarbeit* eintippen) den passenden Zitierstil suchen und anschließend durch Anklicken (siehe Pfeil in Abb. 33) installieren können. Zusätzlich sollten Sie die Zitationsoption *URLs von gedruckten Artikeln in Literaturverzeichnis aufführen* auswählen (siehe Häkchen in Abb. 32).

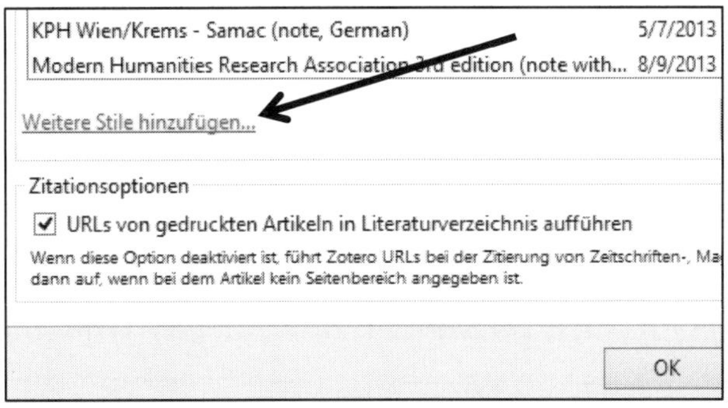

Abb. 32: Weitere Zitierstile hinzufügen

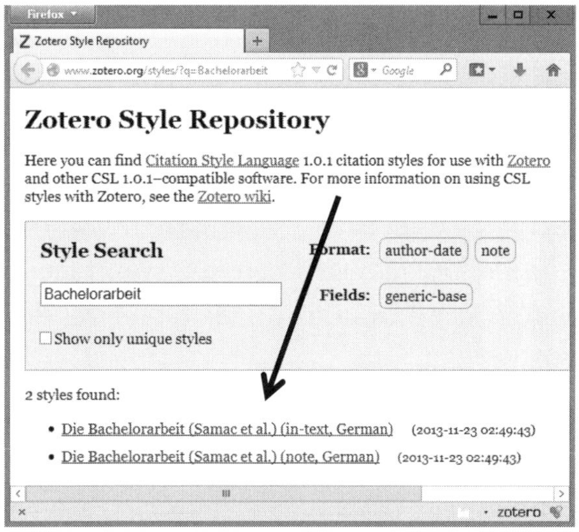

Abb. 33: Auswahl des Zitierstils Bachelorarbeit

Nach einer erfolgreichen Plugin-Installation wird die Zotero-Symbolleiste in Ihrem Textverarbeitungsprogramm angezeigt. In Word 2007 oder 2010 unter Windows finden Sie diese unter dem Menüpunkt Add-Ins (siehe Abb. 34).

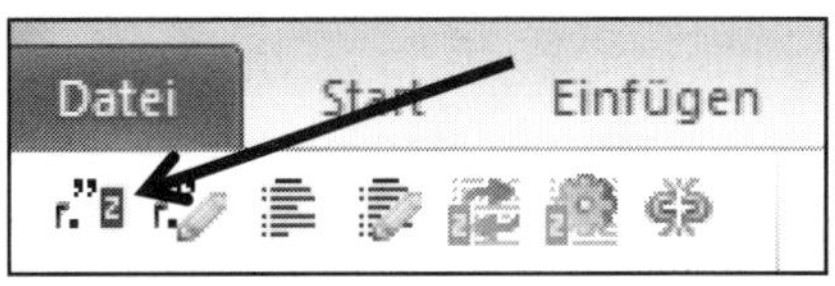

Abb. 34: Zotero-Plugin in Word

Zotero kann auf vielen Webseiten bibliografische Informationen automatisch erkennen und auf Klick übernehmen. Ob und wie gut dies funktioniert hängt davon ab, wie die Website programmiert wurde. Besonders gut arbeitet Zotero mit Online-Bibliothekskatalogen zusammen, aber auch auf vielen für das wissenschaftliche Arbeiten wichtigen Webseiten wie beispielsweise Google Scholar (http://scholar.google.at), Google Books (http://books.google.com), Amazon (http://www.amazon.com) oder Springer Link (www.springerlink.com) können Sie Informationen übernehmen. Wenn Zotero bibliografische Informationen auf einer Website findet, wird dies durch ein Icon in der Adressezeile des Browsers angezeigt. Dieses Icon sieht je nach Quellentyp (Buch, Zeitschrift, Zeitungsartikel, Website, Film etc.) unterschiedlich aus (siehe Pfeil in Abb. 35).

Abb. 35: Quellen in Zotero übernehmen

Zotero ist darauf ausgerichtet, dass Recherche zunehmend online passiert und dass online verfügbare Information zitiert wird. Für das Abspeichern der aktuell angezeigten Website genügt ein Klick auf das entsprechende Icon in der Adresszeile von Firefox. Zotero kann zusätzlich von jeder Website automatisch eine lokale Kopie (Schnappschuss) auf Ihrem Rechner abspeichern. Schnappschüsse haben den Vorteil, dass Sie auch dann über die Information verfügen können, wenn Sie einmal offline sind oder die Webseite gelöscht wurde. Diese Option können Sie in der Registerkarte *Allgemein* der Zotero-*Einstellungen* einstellen.

Überprüfen Sie die von Zotero übernommenen Literaturen bzw. Quellen in der rechten Zoterospalte, bevor Sie diese in Ihrer Bachelorarbeit verwenden und zitieren. Oft wird es nötig sein, die Datensätze zu ergänzen oder für den verwendeten Zitierstil anzupassen. Die Daten von Literaturen, die Sie nicht online finden, aber in Papierform vorliegen haben, können Sie über den Button *Neuer Eintrag* händisch eintippen oder bei Kenntnis der internationalen Standardbuchnummer (ISBN) über das Zauberstabicon (*Eintrag per Identifier hinzufügen*) halbautomatisiert eintragen.

Immer dann, wenn Sie eine Textstelle aus einer Quelle zitieren, können Sie die Zitatkennzeichnung (je nach gewähltem Zitierstil als Vollbeleg oder Kurzbeleg bzw. als Text- oder Fußnotenzitation) automatisiert vornehmen. Dazu klicken Sie im Menüpunkt *Add-Ins* auf das erste Zotero-Icon *Zitat einfügen* in der Symbolleiste (siehe Pfeil in Abb. 32). Beim ersten Mal werden Sie nach dem gewünschten Zitierstil gefragt, wobei das Standard-Ausgabeformat vorgeschlagen wird. Suchen Sie den installierten Zitierstiel *Bachelorarbeit* und bestätigen Sie durch Klick auf *OK*.

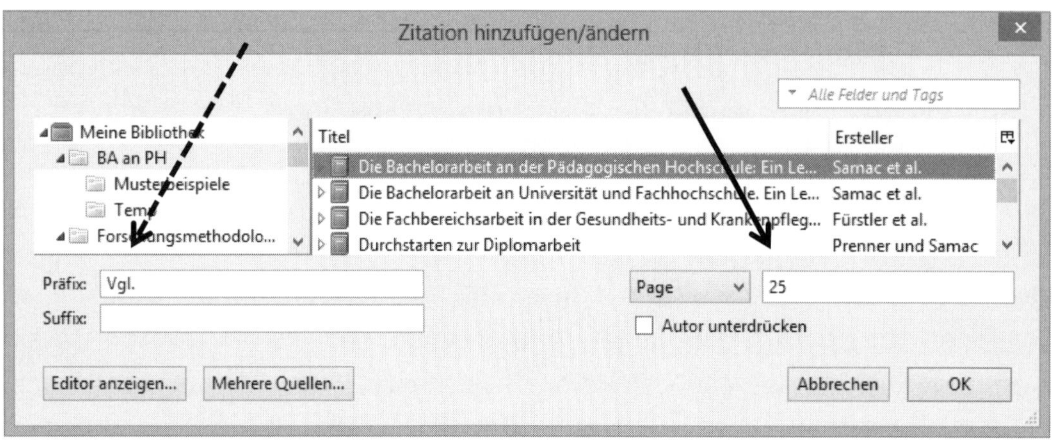

Abb. 36: Zitation in Word einfügen

Nun öffnet sich die Zotero-Oberfläche: Suchen Sie die gewünschte Quelle und geben Sie die Seitenzahl ein (siehe Pfeil in Abb. 36). Falls es sich um ein indirektes Zitat handelt, geben Sie in das Feld *Präfix* „Vgl." ein (siehe strichlierten Pfeil in Abb. 36). Klicken Sie auf *OK* um den Verweis einzufügen. Wenn Sie für einen Verweis mehrere Quellen benötigen, klicken Sie auf *Mehrere Quellen*. Wenn Sie Verweise manuell bearbeiten möchten, wählen Sie den zu bearbeitenden Verweis aus, klicken Sie auf das zweite Icon *Editor anzeigen* und bearbeiten Sie den Verweis im Editor.

Wenn Sie zwischendurch ein Literaturverzeichnis Ihrer bis dahin gesammelten Literatur erstellen wollen, können Sie dies direkt über Zotero erledigen. Klicken Sie mit der rechten Maustaste auf Ihre Sammlung (z.B. *BA an PH* – siehe Pfeil in Abb. 37) und wählen Sie im daraufhin erscheinenden Menü den Eintrag *Literaturverzeichnis aus Sammlung erstellen* (siehe strichlierten Pfeil in Abb. 37).

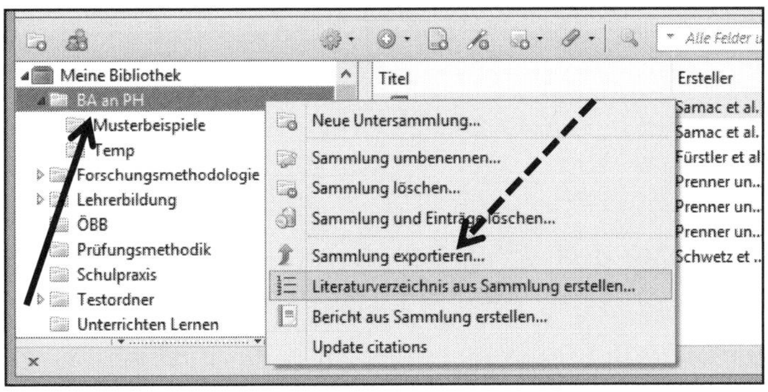

Abb. 37: Literaturverzeichnis aus Zotero erstellen

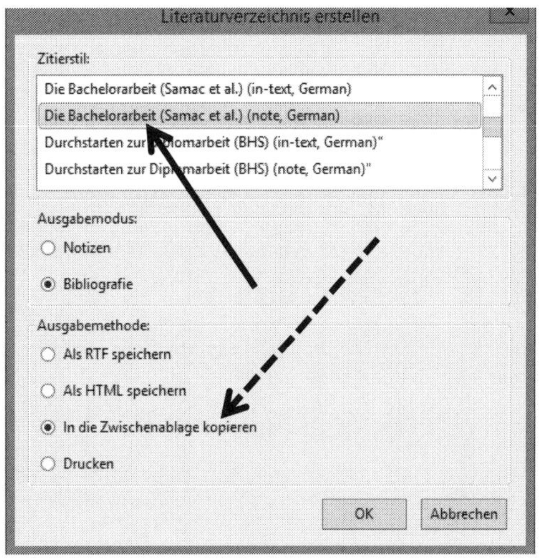

Abb. 38: Literaturverzeichnis ausdrucken

Im daraufhin erscheinenden Menüfenster wählen Sie den entsprechenden Zitierstil (siehe Pfeil in Abb. 37) und den Ausgabemodus *Bibliografie*. Die Ausgabemethode können Sie aus vier Möglichkeiten wählen. Für einen Ausdruck klicken Sie auf Drucken. Alternativ können Sie das Literaturverzeichnis in die Zwischenanlage kopieren (siehe strichlierten Pfeil in Abb. 37) und in ein Textdokument einfügen (Tastenkombination <Strg> + <V>).

Zotero bietet auch Funktionen zur Synchronisation und Zusammenarbeit an. Diese Funktionen sind dann interessant, wenn Sie von mehreren Computern Zugriff auf Ihre Zotero-Daten haben oder in einem Team gemeinsam eine Sammlung bzw. Bibliothek pflegen möchten. Um diese Funktionen nutzen zu können, benötigen Sie einen Zotero-Account, wobei 300 MB Speicherplatz frei sind. Dies dürfte für eine Bachelorarbeit ausreichend sein. Ihren Zotero-Account erstellen Sie auf der Zotero-Homepage (www.zotero.org). Nun haben Sie die Möglichkeit Gruppen anzulegen bzw. öffentliche Gruppen zu abonnieren. Ihre Gruppen bekommen Sie in einem eigenen Abschnitt unter Ihren Sammlungen in der linken Zoterospalte angezeigt. Um eine neue Gruppe zu erstellen, klicken Sie auf das entsprechende Icon *Neue Gruppe...* Darauf öffnet sich eine Website, auf der Sie den Gruppennamen und die Zugriffsrechte vergeben können.

Regelmäßige Datensicherungen sollten eine Selbstverständlichkeit sein. Wählen Sie in der linken Spalte ganz oben den Eintrag *Meine Bibliothek*. Klicken Sie auf das *Zahnrad-Icon* und wählen Sie *Bibliothek exportieren*. Zotero stellt Ihnen eine Reihe von Export-Formaten zur Verfügung, darunter das zoteroeigene Format *Zotero RDF* aber auch *BibTex*, falls Sie Ihre Datenbank in ein anderes Literaturverwaltungsprogramm exportieren möchten. Aktivieren Sie die Checkboxes bei *Notizen exportieren* und *Dateien exportieren*, damit auch Schnappschüsse von Webseiten und angehängte Dateien exportiert werden. Klicken Sie auf *OK* um die Sicherung abzuspeichern.

2.7 Themenfindung und Arbeitstitel

Viele Bachelorarbeiten (und auch andere wissenschaftliche Arbeiten) drohen zu scheitern, weil das Thema[26] viel zu allgemein (und dadurch auch zu hoch im Anspruch) gehalten ist. Bachelorarbeiten zu Themen wie *„Das Klassenklima"* oder *„Der schülerzentrierte Unterricht"* oder gar *„Die Geschichte der Lehrerbildung in Österreich"* werden kaum in einer annehmbaren Zeit zu bewältigen sein. Somit das Wichtigste gleich vorweg: Das Thema ist der vorläufige Arbeitstitel der Bachelorarbeit.

Der Arbeitstitel Ihrer Bachelorarbeit sollte dem Anspruch, den er vorgibt, durch die nachfolgende Bearbeitung auch gerecht werden. Ist er zu allgemein gehalten, kann es leicht passieren, dass Anspruch und nachfolgende Bearbeitung nicht harmonisieren. Dazu ein Beispiel: Der Arbeitstitel (das Thema) einer geisteswissenschaftlich angelegten Bachelorarbeit einer bzw. eines Studierenden könnte in einer ersten Überlegung folgendermaßen lauten: *„Die Geschichte der Lehrerbildung in Österreich"*. Dieses Thema (der Arbeitstitel) wird (1) nicht in der vorgesehenen Zeit zu bewältigen sein und darüber hinaus (2) ein Vorhaben signalisieren, das die bzw. der Studierende nicht einlösen wird können. Dieser Arbeitstitel erhebt den (enormen) Anspruch, die Geschichte der Lehrerbildung (Aus-, Fort- und Weiterbildung) in Österreich vollständig darzustellen. Es ist leicht zu erkennen, dass der zu beschreibende Zeitraum (hier handelt es sich schließlich um mehrere Jahrhunderte) viel zu weit gefasst ist (vom Problem der Vollständigkeit der Darstellung ganz abgesehen). Ein solch umfangreicher Arbeitstitel wirkt nicht nur zu allgemein, sondern auch unglaubwürdig in seinem Anspruch.

Viel besser wäre es, den Arbeitstitel einzugrenzen. Erreicht werden kann dies, wenn die Vorsilben „Zu", „Zur" oder „Zum" dem Arbeitstitel der Bachelorarbeit vorangestellt

26 Das gewählte Thema ist gemäß den einzelnen Prüfungsordnungen an den jeweiligen Pädagogischen Hochschulen von der Institutsleitung zu genehmigen.

werden. Dieser könnte viel glaubwürdiger lauten: *„Zur Geschichte der Lehrerbildung in Österreich"*. Eine andere Methode der Eingrenzung wäre auch mit der Hinzufügung des zu betrachtenden Zeitraumes zu erreichen und/oder durch eine Einengung auf die Pflichtschullehrerausbildung.

Dann würde der Arbeitstitel etwa so lauten: *„Die Geschichte der Pflichtschullehrerausbildung in Österreich zwischen 1945 und 1961"*. Untersucht man seinen Anspruch erneut, erweist sich auch dieser in seinem Vollständigkeitsanspruch immer noch als zu allgemein. Zielführender wäre es daher, ihn noch weiter einzugrenzen:

Zur Geschichte der Pflichtschullehrerausbildung in Österreich zwischen 1945 und 1961

Abb. 39: Eingegrenzter Arbeitstitel

Ergebnis: Der Arbeitstitel der Bachelorarbeit erhebt jetzt von seiner Formulierung her keinen Vollständigkeitsanspruch mehr (siehe Abb. 39). Er wirkt dadurch viel glaubwürdiger. Gleichzeitig ist das Thema eingegrenzt und für die Verfasserin bzw. den Verfasser in der vorgesehenen Zeit gut bearbeitbar. Solche (notwendigen) Eingrenzungen können Sie auch mit der Bezeichnung *„Aspekte …"*. vornehmen. Durch die Verbindung mit einem Untertitel kann die Eingrenzung des Arbeitstitels noch deutlicher dokumentiert werden (siehe dazu Abb. 40).

PFLICHTSCHULLEHRERBILDUNG IN ÖSTERREICH
Aspekte der Ausbildung zwischen 1945 und 1961

Abb. 40: Eingrenzung des Arbeitstitels mit Hilfe eines Untertitels (a)

Im Beispiel von Abb. 40 wurde der Vollständigkeitsanspruch gleich mehrmals eingegrenzt. Die Verfasserin bzw. der Verfasser muss jetzt lediglich ausgewählte Aspekte der Lehrerbildung zwischen 1945 und 1961 herausgreifen, die noch dazu Teil der Ausbildung zu Pflichtschullehrerinnen und -lehrern sind. Eine ähnliche Möglichkeit der Eingrenzung eines Themas ergibt sich, wenn dem Arbeitstitel ein Untertitel mit der Einleitung „Am (am) Beispiel der (des) …" beigefügt wird. Dann könnte der Arbeitstitel folgendermaßen lauten:

DIE HAUPTSCHULLEHRERBILDUNG AUF DEM WEG INS 21. JAHRHUNDERT
Am Beispiel der österreichischen Pädagogischen Akademien

Abb. 41: Eingrenzung des Arbeitstitels mit Hilfe eines Untertitels (b)

In Abb. 41 wurde das ausgesprochen umfangreiche Thema „Lehrerbildung" auf die Hauptschullehrerausbildung an den Pädagogischen Akademien fokussiert und auf den Zeitraum 1962 bis 2007 eingegrenzt. Die Eingrenzung der Themen in Abb. 40 und Abb. 41 mindert den Wert der Bachelorarbeit nicht. Im Gegenteil, jeder Kenner der Materie weiß, dass die Bearbeitung der „Geschichte der Lehrerbildung in Österreich" ein beachtliches Vorhaben wäre, das mehrere Jahre der Bearbeitungszeit in Anspruch nehmen würde.

Analog verhält es sich auch mit einem Arbeitstitel einer Bachelorarbeit, der beispielsweise ankündigt, dass seine Verfasserin bzw. sein Verfasser die Durchführung einer eigenen Studie plant. Dann allerdings müsste in logischer Konsequenz die Beantwortung der Fragestellung entweder in Form einer qualitativen oder quantitativen empirischen Untersuchung durchgeführt werden. Findet sich in der Bachelorarbeit dann aber keine (korrekt) durchgeführte empirische Untersuchung, harmonisieren Thema und nachfolgende Bearbeitung nicht.

ZUM KLASSENKLIMA IN DER NEUEN MITTELSCHULE Am Beispiel des Unterschiedes einer Problemklasse zu anderen Klassen

Abb. 42: Weitere Eingrenzung des Arbeitstitels

Mit dem Arbeitstitel (siehe Abb. 40) wissen Sie allerdings noch nicht, was Sie wirklich bearbeiten wollen, außer, dass Sie irgendwelche Aspekte der Pflichtschullehrerausbildung zwischen 1945 und 1961 herausgreifen möchten. Daher ist in weiterer Folge aus dem Arbeitstitel der Bachelorarbeit die Forschungsfrage zu entwickeln, weil nur ihre Beantwortung gleichsam als Ergebnis der Bachelorarbeit Ihnen einen Erkenntniszuwachs liefern kann.[27]

Mit anderen Worten: Das Ergebnis der Bachelorarbeit muss immer eine Antwort auf die der Bachelorarbeit vorangestellte(n) Forschungsfrage(n) liefern. Die nächste logische Überlegung wäre dann, wie Sie die Fragestellung beantwortet haben möchten (Methodenwahl). Im Grunde verhält sich dieser Vorgang immer gleich: (1) Thema suchen, (2) Thema eingrenzen, (3) Fragestellung entwickeln und (4) Überlegungen hinsichtlich der Beantwortung (Methodenwahl) anstellen.

2.8 Formulierung der Forschungsfrage

Unternehmen Sie den Versuch, Ihre Bachelorarbeit in einer einzigen Frage zu formulieren. Sie werden dabei feststellen, dass damit Ziel und Zweck Ihrer Bachelorarbeit viel leichter

27 Zur Themenreflexion und Abgrenzung des Untersuchungsgegenstandes siehe Brink 2005, S. 44–49; Bohl 2006, S. 14–16; Rossig & Prätsch 2006, S. 41–49; Büntig, Bitterlich & Pospiech 2000, S. 51–54.

definiert werden können. Das Formulieren[28] einer guten Forschungsfrage ist ein relativ aufwändiger, aber sehr notwendiger Prozess am Beginn der Erstellung[29] der Bachelorarbeit.

2.8.1 Kennzeichen einer guten Forschungsfrage

Die gute Forschungsfrage zeichnet sich durch eine klare (valide[30]) Formulierung aus (siehe Tab. 8[31]).

(01)	Die Forschungsfrage unterscheidet sich von ähnlichen, bereits geschriebenen Arbeiten (sonst wäre die Bachelorarbeit bloß eine Abschreibübung, was nicht im Sinne des Zieles der Bachelorarbeit liegen kann, obendrein laufen Sie Gefahr, sich u.U. mit „fremden Federn" zu schmücken).
(02)	Die Forschungsfrage basiert auf Beiträgen aus qualitätsvollen Quellen und ist somit wissenschaftlich anschlussfähig.
(03)	Die Forschungsfrage sollte als „W-Frage" formuliert werden (Was? Wie? Warum?).
(04)	Die Forschungsfrage ist erforschbar (d.h. sie ist im Rahmen der Bearbeitung mit den gegebenen und von Ihnen auch zu beherrschenden Möglichkeiten/Methoden beantwortbar).

Tab. 8: Kennzeichen einer guten Forschungsfrage

Beispiele für gute Forschungsfragen:

(01)	Wie lösen Mädchen und Buben aus der Volksschule einfache und komplexe bildungsstandardnahe Sachaufgaben?
(02)	Gibt es einen Zusammenhang zwischen der Einstellung zum Lehrberuf und dem individuellen Stresserleben? Um diesen Zusammenhang messen zu können, werden die Skalen des EBF-Work95 mit denen des Fragebogens Fit für den Lehrberuf in Beziehung gesetzt.
(03)	Wie gut sind Jugendliche mit Datenschutz bzw. Privatsphäre in sozialen Netzwerken vertraut? Wie gut fühlen sich Jugendliche in ihrem Netzwerk geschützt? Nützen Jugendliche die Privatsphäre-Einstellungen ihres Social Networks?
(04)	In welcher Form und Intensität versuchen Grundschullehrer- und -lehrerinnen die Prinzipien der Reformpädagogik Maria Montessori im Regelschulwesen umzusetzen?

28 Das korrekte Formulieren der Fragestellung ist tatsächlich eine schwierige Angelegenheit und erfordert nicht nur einen angemessenen Aufwand in der Betreuung, sondern sollte auch im Laufe der Lehrveranstaltungen vorher ausreichend geübt worden sein.

29 Vgl. Karmasin & Ribing 2007, S. 21

30 In diesem Zusammenhang bedeutet valide, dass die Fragestellung so klar und eindeutig (eng) formuliert ist, dass sie genau das – und nichts anderes – an Beantwortung zulässt und einfordert, was sie zu fragen vorgibt.

31 Vgl. Fürstler u.a. 2007, S. 63

(05)	Gibt es spezielle Zubereitungsformen, die dementiell erkrankten Personen mit Kau- und Schluckstörungen das Essen erleichtern, um auch das Geschmackserlebnis dadurch zu wecken?
(06)	Welche Faktoren beeinflussen das Verhalten Jugendlicher in Bezug auf den Umgang mit Risken im Straßenverkehr?
(07)	Kann man einen Unterschied zwischen den Schülerinnen und Schülern, welche die katholische Jungschar besuchen und denen, die es nicht tun, im Bezug auf ihr soziales Verhalten und ihre Wertorientierung feststellen?
(08)	Ist das Erlernen von Programmiersprachen mit Handys möglich? Ist der Einsatz der Android-Programmierung an Höheren Lehranstalten für wirtschaftliche Berufe sinnvoll und wie verändert sich die Motivation der Schülerinnen und Schüler?
(09)	Hat der Faktor Migrationshintergrund Einfluss auf die Vorstellung der beruflichen Zukunft von 10-jährigen Kindern?
(10)	Gibt es geschlechtsspezifische Unterschiede bezüglich des Erklärens und Darstellens ausgewählter mathematischer Begriffe auf der vierten Schulstufe?
(11)	Haben Absolventinnen und Absolventen mit Migrationshintergrund schlechtere Jobausssichten als Absolventinnen und Absolventen ohne Migrationshintergrund?
(12)	Kann durch regelmäßiges Vorlesen auf der ersten und zweiten Stufe der Volksschule das Interesse am Lesen gesteigert werden?

Tab. 9: Gute Forschungsfragen

2.8.2 Kennzeichen einer schlechten Forschungsfrage

Die schlechte Forschungsfrage zeichnet sich durch unklare Formulierung aus (siehe Tab. 10[32]).

(01)	Die Forschungsfrage ist naiv, ohne Kenntnisse des State of the Art gestellt und somit wissenschaftlich nicht anschlussfähig.
(02)	Die Forschungsfrage repräsentiert eine unrichtige Annahme.
(03)	Die Forschungsfrage ist in sich widersprüchlich.
(04)	Bei der Forschungsfrage handelt es sich um eine Scheinfrage (verkleidete Behauptung).
(05)	Die Forschungsfrage ist so unklar formuliert, dass es keine Antwort geben kann.
(06)	Die Forschungsfrage verwendet unsinnige Worte (Konzepte).
(07)	Bei der Forschungsfrage handelt es sich um eine beeinflussende, tendenziöse Frage.
(08)	Die Forschungsfrage ist nicht relevant, sie hat keinen Nutzen für die Berufspraxis bzw. kommt nicht aus dem Berufsfeld der Pädagogik.

32 Vgl. Fürstler u.a. 2007, S. 63

(09)	Die Forschungsfrage ist nicht erforschbar bzw. kann mit Studierenden zur Verfügung stehenden Methoden nicht beantwortet werden.
(10)	Die Forschungsfrage ist zu allgemein gehalten, zu hoch im Anspruch bzw. nicht genügend eingegrenzt.

Tab. 10: Kennzeichen einer schlechten Forschungsfrage

Beispiele für schlechte Forschungsfragen:

(01)	Die nachstehenden Frage wurden in ein- und derselben Arbeit gefunden: a) Welche Auswirkungen kann das Medium Fernsehen auf Volksschulkinder haben? b) Welche Möglichkeiten des Umganges mit dem Medium Fernsehen ergeben sich in der Schule? c) Wie wird der Fernsehkonsum in einer ausgewählten Familie bewertet?
(02)	Wie wirkt sich der Einsatz von Entspannungsübungen mit Musik im Schulalltag auf die Stressbewältigung bei Kindern in der Grundschule aus?
(03)	Wie sollte unverbindlicher Schwimmunterricht, der in einer Neuen Mittelschule angeboten wird, aussehen? Welche Lehr- und Lernziele beinhaltet er, nach Vorgaben des Bundesministeriums für Unterricht, Kunst und Kultur und nach Berücksichtigung der Wünsche und Vorstellungen seitens der Schülerinnen und Schüler?
(04)	Der empirische Teil der Arbeit soll die Fragen beantworten, welche Blicke und Sichtweisen auf Menschen mit einer Behinderung noch heute in österreichischen Medien zu finden sind und welche sprachlichen Mittel bewusst oder unbewusst eingesetzt werden.
(05)	Inwieweit ist die Schule als Raum für Jugendliche in der Lage, diesen die Identitätsfindung zu ermöglichen?
(06)	Wie groß ist die Bedeutung der Musik und der Kleidung für die menschliche Persönlichkeit?
(07)	Was macht einen guten Fußballtrainer für eine funktionierende Kinder- und Jugendfußballmannschaft aus?
(08)	Können durch Sport der Jugend Kompetenzen wie Teamfähigkeit, Leistungsfähigkeit, Leistungsfähigkeit und Rücksichtnahme auf den Partner vermittelt werden?
(09)	Kann eine Schulkantine das Essverhalten von Jugendlichen beeinflussen?
(10)	Kann man durch Softwaresimulationen Experimente im Physikunterricht ersetzen?
(11)	Auf welche Weise haben Anlage und Umwelt Einfluss auf das Aggressionsverhalten von Kindern?
(12)	Gibt es Stadt-Land-Unterschiede im Hinblick auf leichtathletische Fertigkeiten in der Grundschule?

Tab. 11: Schlechte Forschungsfragen

Bei der Formulierung der Forschungsfrage sollten Sie sich also genau überlegen, (1) wie der Arbeitstitel der Bachelorarbeit lautet, sich also die Ausgangslage vorstellen, (2) was Sie mit Ihrer Forschungsfrage beantwortet haben möchten und (3) welche Möglichkeiten der Beantwortung (Methoden) Sie beherrschen und dazu heranziehen können.

In einer gut formulierten Forschungsfrage sind zumeist die zentralen Begriffe einer Bachelorarbeit enthalten. Diese Begriffe sind somit die Schlüsselwörter für die einzelnen Kapitel, welche wiederum die Beantwortung ihrer Unterfragen darstellen. Diese Unterfragen und Unterkapitel tragen gemeinsam dazu bei, die zentrale Forschungsfrage zu beantworten, und liefern Ihnen damit gleichzeitig Ansatzpunkte, welche Informationen Sie zur Beantwortung der verschiedenen Fragen recherchieren müssen (siehe Tab. 12[33]).

(01)	In Kapitel 2 ist „abc" zu beantworten.
(02)	In Kapitel 3 ist „def" zu beantworten.
(03)	In Kapitel 4 ist „xyz" zu beantworten.

Tab. 12: Vorgang der Beantwortung der Forschungsfrage

Bedenken Sie, dass die Formulierung der Forschungsfrage über den Stoffumfangentscheidet. Aufbau und Inhalt der Bachelorarbeit haben sich daher an der Forschungsfrage zu orientieren.

2.9 Grundtypen verschiedener Fragestellungen

Für Ihre Bachelorarbeit werden in der Regel Fragestellungen aus den Bereichen der Entdeckung, der Beschreibung und der Begründung zur Anwendung kommen. Entdeckung, Beschreibung und Begründung können auch mit deskriptiven (qualitativen, beschreibenden) Methoden gut erfasst werden, weil die Anforderungen an ihre Definition wenig normiert sind.

Erklärung (im Sinne einer Ursachen-Wirkungs-Forschung) und auch Evaluation (im Sinne einer Überprüfung der Zielerreichung bestimmter gesetzter Maßnahmen) werden eher die Ausnahmen bei Bachelorarbeiten sein. Sie erfordern zu ihrer Beweisführung in aller Regel hypothesenprüfende (standardisierte) Methoden, was wiederum ein recht umfangreiches Methodensortiment (qualitativ-empirisch und quantitativ-empirisch) erfordert, vor allem den Einsatz quantitativer Erhebungsmethoden. Diese setzen eine klare Präzisierung voraus, die als Operationalisierung bezeichnet wird. Das bedeutet, dass alle in der Untersuchung zu erfassenden Variablen genau definiert werden müssen, damit sie mit Hilfe angemessener Datenerhebungsinstrumentarien gemessen werden können. Fragetypen zur Gestaltung (z.B. mit Methoden der Aktionsforschung) sowie zur Kritik und Bewertung setzen schon Erfahrung im wissenschaftlichen Arbeiten voraus und werden ebenfalls eher die Ausnahmen bei Bachelorarbeiten sein (siehe Tab. 13).

33 Karmasin & Ribing 2007, S. 22

Das soll nun nicht heißen, dass Sie sich von solch einem anspruchsvollen Vorhaben abschrecken lassen sollen. Wenn (1) Sie an Ihrer Pädagogischen Hochschule die Möglichkeit haben, Ihre Forschungskompetenz durch entsprechende Lehrveranstaltungen zu entwickeln, (2) Sie bereit sind, sich entsprechendes Wissen durch zusätzliches Studium von Fachliteratur, im Besonderen auch durch methodologische Literatur, anzueignen bzw. es zu vertiefen und (3) Sie betreuende Lehrpersonen finden, die Sie fachlich und methodologisch unterstützen, dann wagen Sie sich an eine anspruchsvolle Forschungsfrage in Ihrer Bachelorarbeit heran. Ihre Motivation wird mit dem Anspruchsniveau steigen, Ihr Erfolg wird ein Gefühl von Zufriedenheit und Stolz auslösen.

Fragetyp	Leitfrage	Beispiele
Entdeckung/ Beschreibung	Was ist der Fall? Wie sieht die Realität aus?	• Wie viel Prozent der Kinder liegen beim Eggenberger Rechentest (ERT) unter dem ersten Quartil? • Wie viele Lehrerinnen und Lehrer der Sekundarstufe I nehmen an den informellen Kompetenzmessungen des bifie teil? • Wie stellt sich derzeit die schulpraktische Ausbildung der Studierenden an der Pädagogischen Hochschule XY dar? • Wie viele Kinder mit 10 Jahren können schwimmen und wie gut/schnell? • Welche Erziehungsmethoden zum prosozialen Verhalten im Klassenverband wenden Volksschullehrerinnen und -lehrer in der 1. Schulstufe an? • Wie und in welchen Kontexten setzen Lehrpersonen im Fach Mathematik in der 8. Schulstufe Schülerfragen ein?
Begründung/ Erklärung	Warum ist etwas so? Welche Ursachen ziehen welche Wirkungen nach sich?	• Welche Faktoren beeinflussen das Interesse am Lesen in der dritten und vierten Schulstufe der Volksschule? • Welche Gründe führen zu den Unterschieden in den Mathematikleistungen der Schülerinnen und Schüler in der 5. und 6. Schulstufe? • Warum hat sich die schulpraktische Ausbildung beim Wechsel von den Pädagogischen Akademien zu Pädagogischen Hochschulen (nicht) verändert? • Warum lernen leistungsschwache Schülerinnen und Schüler in heterogenen Klassenverbänden mehr als in homogenen? • Hat der Unterrichtsstil von Klassenlehrerinnen und -lehrern [= Ursache] einen Einfluss auf das Klassenklima [= Wirkung]?

Bewertung/ Evaluation/ Kritik	Wie ist ein bestimmter Zustand vor dem Hintergrund explizit genannter Kriterien zu bewerten?	• Welche Art von Schularbeitsbeispielen verwenden Lehrerinnen und Lehrer der NMS, wenn die allgemeinen mathematischen Kompetenzen der Bildungsstandards zur Anwendung kommen? • Welche Schwerpunkte bevorzugen Volksschullehrerinnen und -lehrer im Sachunterricht, wenn der aktuelle Lehrplan zugrunde gelegt wird? • Wie sind die Studienpläne der Pädagogischen Hochschule XY im Bereich der schulpraktischen Ausbildung in Hinblick auf Anforderungen der Pflichtschulpraxis im Bundesland XY zu bewerten? • Wie ist der schülerzentrierte Unterricht im Fach Deutsch in Hinblick auf die Förderung formaler Leistungsdimensionen zu bewerten? • Wie hat sich die Entwicklung eines Schulprofils durch die Lehrpersonen auf deren Arbeitszufriedenheit ausgewirkt?
Gestaltung	Wie soll etwas künftig sein? Welche Maßnahmen sind geeignet, um ein bestimmtes Ziel zu erreichen?	• Welche Fortbildungsmaßnahmen müssen getroffen werden, damit die Akzeptanz der Bildungsstandards in der Sekundarstufe II gesteigert werden kann? • Welche Schwerpunkte setzen Lehrerinnen und Lehrer im Deutschunterricht der Volksschule und beeinflusst das gewählte Schulbuch für das Fach Deutsch die Ausrichtung des Unterrichts im Hinblick auf die Bildungsstandards? • Wie kann die schulpraktische Ausbildung der Studierenden an der Pädagogischen Hochschule XY weiterentwickelt und gefördert werden? • Wie kann die Entwicklung des Volksschulkindes in Richtung Problembewusstsein gegenüber Suchtmitteln bestmöglich gefördert werden? • Wodurch kann die Gefahr von Burnout bei Lehrpersonen verkleinert werden?

Tab. 13: Grundtypen verschiedener Fragestellungen

2.10 Beantwortung der Forschungsfrage

Nicht der einzige, aber nach Karmasin und Ribing[34] der Königsweg zur Beantwortung Ihrer Fragestellung ist eine zusätzliche Frage: *Warum ist etwas so (und nicht anders)?* Die

34 2007, S. 23

Frage nach dem „Warum" wird am besten durch die Verbindung von Ursache und Wirkung in einem Modell bzw. einer Theorie beantwortet. Zusätzlich wird die Auswirkung, d.h. Rückkoppelung auf die Ursache in Betracht gezogen. Mit dem nachfolgenden Beispiel (siehe Tab. 14) soll gezeigt werden, dass das Studium von Theorien und Modellen in der Literatur eine wesentliche Voraussetzung für die Erklärung von Phänomenen darstellt. Aufgrund vorhandener Theorien und Modelle ist es auch möglich, diese weiter zu entwickeln und begründet neue Theorien und Modelle zu entwerfen. Diese müssen jedenfalls an der Wirklichkeit überprüft werden. Das ist der Kern wissenschaftlichen Arbeitens. Solch ein Konzept wissenschaftlichen Arbeitens ist unabhängig von der methodologischen Vorgangsweise.

Wolf und Hase
Biologen beobachteten in Kanada die Zu- und Abnahme von Wolf- und Hasenpopulationen. Aus einer nicht-systemischen Sicht versuchten die Naturwissenschafter dieses Phänomen zu erklären. Sie vermuteten, dass die Schafzüchter die Wölfe jagten, weil diese ihre Schafe rissen. Für die schwindende Hasenpopulation hatten sie eine vergleichbare Erklärung: Die Bauern entschlossen sich zu einem Feldzug gegen die Hasen, die sich über Früchte und Gemüse in den Gärten hermachten. Zufriedenstellend waren diese Erklärungen jedoch nicht. Erst der Rückbezug auf eine Theorie (systemische Betrachtung von Vorgängen in der Natur) und Abwendung des Blickes vom Einzelnen hin zum Ganzen machte eine Erklärung der beiden Phänomene möglich. Bei genauer Beobachtung stellte sich heraus, dass die Wolf- und Hasenpopulation gegengleich zu- und abnahmen. Drei Variablen (Körpergewicht der Wölfe, Laufgeschwindigkeit der Wölfe, Fanghäufigkeit der Wölfe) konnten als wesentlich identifiziert werden. Ist die Hasenpopulation hoch (großes Speiseangebot), nimmt das Körpergewicht der Wölfe zu. Dies verringert die Laufgeschwindigkeit der Wölfe und folglich die Fanghäufigkeit. Die Hasenpopulation kann am Ende eines solchen Zyklus wieder steigen.

Tab. 14: Beispiel einer systemtheoretisch basierten Erklärung

Welche Forschungsfrage Sie auch immer Ihrer Bachelorarbeit zugrundelegen, Sie sollen sie unter Beachtung der in der Scientific Community üblichen wissenschaftlichen Kriterien beantworten. Allgemein zeigt sich wissenschaftliches Arbeiten „in einer systematischen und methodisch kontrollierten Verbindung eigenständiger und kreativer Gedanken mit bereits vorliegenden wissenschaftlichen Befunden. Das Vorgehen ist sorgfältig, begriffsklärend und fach- bzw. disziplinbezogen."[35]

Sie werden in Ihrer Bachelorarbeit nicht ohne Zitate (d.h. Übernahme fremden Gedankengutes) auskommen. Zitate sind nämlich ein Hinweis darauf, dass Sie sich mit der

35 Bohl 2006, S. 13

Ihrer Bachelorarbeit zugrundeliegenden Literatur auseinandergesetzt und zur Untermauerung Ihrer Argumentations-/Beleg-/Beweiskette herangezogen haben. Eco[36] unterscheidet zwei Arten von Zitaten: (1) Sie zitieren einen Text (Textpassagen), mit dem Sie sich auseinandergesetzt haben und den Sie interpretieren, und (2) Sie zitieren einen Text zur Unterstützung der eigenen Auslegung (nicht zu verwechseln mit direkten und indirekten Zitaten; mehr dazu im Kap. 5 Zu den Quellen und zur Zitation, ab Seite 114).

Das Ausmaß Ihrer Zitate hängt vom Thema Ihrer Bachelorarbeit ab. Beispielsweise kann die kritische Auseinandersetzung mit einem Werk verlangen, dass umfangreiche Stellen aus diesem Werk auch wiedergegeben und analysiert werden.[37] Bedenken Sie jedoch, dass Zitate immer aus einem Zusammenhang genommen werden und in Ihren Text hineinpassen müssen, sei es zur Unterstützung, Absicherung oder Beweisführung Ihrer argumentativ vorgetragenen Aussagen.

2.11 Beispiele für gelungene Arbeitstitel und Forschungsfragen

Ein Arbeitstitel lässt in der Regel die Entwicklung mehrerer Fragestellungen zu. Nachfolgend listen wir gute Beispiele von Arbeitstiteln und daraus entwickelten Fragestellungen auf (siehe Tab. 15). Die Angabe des Kontextes soll eine leichtere Einordnung in größere Zusammenhänge ermöglichen.

Kontext	Arbeitstitel	Forschungsfragen	Zentrale Begriffe/ theoretische Grundlegung (evtl. Kapitel)
Evaluation eines Schulversuches	Empirische Überprüfung der sozialen Integration im offenen Unterricht	Wie entwickelt sich die Kommunikation zwischen Kindern mit besonderen Bedürfnissen und Kindern ohne besondere Bedürfnisse bei verstärktem Einsatz offener Unterrichtsformen?	soziale Integration Kommunikation offener Unterricht
		Wie steht es um das Wohlbefinden der Kinder mit besonderen Bedürfnissen in Kooperationssituationen?	soziale Integration Wohlbefinden Zusammenarbeit offener Unterricht
		Welche faktischen Handlungschancen haben Kinder mit besonderen Bedürfnissen in gemischten Lerngruppen?	soziale Integration Mitarbeit Lerngruppen offener Unterricht

36 2003, S. 196
37 Vgl. Eco 2003, S. 196–197

Sachunterrichts-forschung	Zu Begriffsstrukturen im naturwissenschaftlichen Lernbereich des Sachunterrichts	Inwiefern lässt sich bei Volksschülerinnen und -schülern ein Zusammenhang zwischen dem Erfassen von naturwissenschaftlichen Begriffsstrukturen und dem Leseverständnis aufzeigen?	Sachunterricht naturwissenschaftliche Begriffsstrukturen Leseverständnis
	Zur historischen Entwicklung der Bildungsziele im Sachunterricht der Grundschule zwischen 1962 und 1989	An welchen Paradigmen orientierten sich die Bildungsziele des Sachunterrichts der Grundschule von 1962 bis 1989?	Bildungsparadigmen Sachunterricht
Innovation im Fremdsprachen-unterricht	Medien in der achten Schulstufe	Welche Auswirkungen hat die Analyse von englischsprachigem Interviewmaterial im Englischunterricht auf den Lernprozess?	Lernprozesse Medien Analyse von Interviews
	Entwicklung geeigneter Unterrichtsmaterialien für offene Unterrichtsformen	Wie müssen Lernmaterialien gestaltet sein, damit Schülerinnen und Schüler zu autonomem Lernen in offenen Unterrichtssituationen geführt werden?	eigenverantwortliches Lernen offener Unterricht Lernmaterialien
Lehr- und Lernprozesse im mathematisch-naturwissen-schaftlichen Unterricht	Neue Zugänge zur Schlussrechnung ab der 6. Schulstufe der Neuen Mittelschule	Wie wirken sich formalisierte und situierte Zugänge zur direkten und indirekten Proportionalität auf die Nachhaltigkeit des mathematischen Grundwissens im Bereich der Schlussrechnungen aus?	didaktische Modelle in Mathematik Nachhaltigkeit Schlussrechnung
Lernfelder	Projektunterricht – Mein Weg zur Schülerin bzw. zum Schüler	Wie kann ich bei Schülerinnen und Schülern ein stärkeres Engagement und eine größere Identifikation mit dem Fach Englisch erreichen?	Projektunterricht Motivation Engagement Identifikation

Tab. 15: Beispiele guter Arbeitstitel und Fragestellungen

3 ZUR FORMALEN GESTALTUNG DER BACHELORARBEIT

Der Umfang[38] Ihrer Bachelorarbeit sollte mindestens 50 und höchstens 80 Textseiten betragen. Das entspricht ungefähr 12.000 bis 20.000 Wörtern bzw. 90.000 bis 145.000 Zeichen (mit Leerzeichen). Nicht eingerechnet werden dabei Deckblatt, Vorwort, Inhalts-, Tabellen-, Abbildungs-, Abkürzungs- und Literaturverzeichnis sowie der Anhang. Erstellen Sie Ihre Bachelorarbeit wenn möglich mittels eines gängigen Textverarbeitungsprogramms. Im Textverarbeitungsprogramm Word 2010 können Sie sich die Statistiken Ihrer Arbeit anzeigen lassen mit Datei/Informationen/Eigenschaften (rechts)/Erweiterte Eigenschaften/Statistik.

(01) Leeres Zwischenblatt
(02) Deckblatt
(03) Kurzzusammenfassung, die in Englisch zu übersetzen ist (Abstract, Summary)
(04) Vorwort (optional)
(05) Inhaltsverzeichnis
(06) Darstellungsverzeichnis bzw. Abbildungs- und/oder Tabellenverzeichnis (optional)
(07) Abkürzungsverzeichnis (optional)
(08) Problemdarstellung mit Formulierung der Forschungsfrage(n) und Zielvorgabe der Bachelorarbeit
(09) Darstellung der einzelnen Kapitel (es besteht die Möglichkeit, jedes Kapitel mit einer Zusammenfassung zu beenden und erst dann mit einem neuen Kapitel zu beginnen)
(10) Zusammenfassende Darstellung der gesamten Bachelorarbeit (mit abschließender Beantwortung und Reflexion der Forschungsfragen)
(11) Literaturverzeichnis
(12) Anhang (optional)
(13) Unterfertigte eidesstattliche Erklärung
(14) Lebenslauf der Verfasserin bzw. des Verfassers der Bachelorarbeit (optional)
(15) Leeres Zwischenblatt

Abb. 43: Formale Bausteine der gebundenen Bachelorarbeit

38 Beachten Sie die Vorgaben in der von der Studienkommission Ihrer Pädagogischen Hochschule festgelegten Prüfungsordnung. Die spezifischen Bestimmungen können von unseren Angaben differieren.

Das Textverarbeitungsprogramm ermöglicht es, Fehler ohne großen Aufwand zu korrigieren, Textbausteine einzufügen sowie hin- und herzuschieben und Ihrer Bachelorarbeit ein zeitgemäßes Layout zu verleihen. Generell sollte Ihre gesamte Bachelorarbeit (1) 1½-zeilig, (2) im Blocksatz, (3) mit der Schriftart Times New Roman oder Arial und (4) mit der Schriftgröße 12 pt geschrieben werden (Ausnahmen bilden beispielsweise das Deckblatt, Über- und Unterschriften, längere direkte Zitate, Fußnoten sowie Texte in Tabellen). Beachten Sie ganz besonders die ÖNORM A 1080: 2007 – Richtlinien für die Textgestaltung. Hilfreich kann auch die ÖNORM A 2658-2 *Zitierregeln – Kurzzitat* sein sowie die ÖNORM A 2662 – Äußere Gestaltung von Hochschulschriften[39].

Haben Sie Ihre Bachelorarbeit erstellt, sollten Sie die Arbeit gemäß den Vorgaben in der Prüfungsordnung binden lassen (Hartbindung). Die Anzahl der geforderten Exemplare geben Sie ab, ein Exemplar verbleibt bei Ihnen zur Vorbereitung auf Ihre Defensio. In Anlehnung an die formalen Gestaltungskriterien wissenschaftlicher Arbeiten sollte Ihre Bachelorarbeit mindestens die in Abb. 43 angeführten Bausteine (Gestaltung und Aufbau) enthalten.

3.1 Deckblatt

Das Deckblatt, das erste Blatt der Bachelorarbeit, liefert der Leserin bzw. dem Leser einen ersten Eindruck von Ihrer Bachelorarbeit und sollte daher folgende Daten enthalten (siehe Tab. 16). Achten Sie dabei auf ein professionelles Layout. Richten Sie sich auf alle Fälle nach den Vorgaben Ihrer Pädagogischen Hochschule, wenn diesbezüglich welche verordnet wurden.

(01)	Angabe des Titels der Bachelorarbeit
(02)	Angabe des Untertitels
(03)	Bezeichnung „Bachelorarbeit"
(04)	Zuordnung zu den Studienfachbereichen bzw. Studienfächern (optional)
(05)	Bezeichnung: „zur Erlangung des akademischen Grades Bachelor of Education (BEd)"
(06)	Name der Pädagogischen Hochschule
(07)	Bezeichnung „Themensteller" bzw. „Beurteiler" (optional)
(08)	Vor- und Zuname, Titel (optional)
(09)	Bezeichnung: „vorgelegt von"
(10)	Angabe Ihres Vor- und Zunamens
(11)	Matrikelnummer (optional)
(12)	Angabe des Studienortes, des Monats und des Jahres der Abgabe der Bachelorarbeit

Tab. 16: Formale Gestaltung des Deckblattes

39 Das Austrian Standards Institute (ASI) (vormals Österreichisches Normungsinstitut) ist eine gemeinnützige, unparteiische Plattform zur Schaffung von Normen in Österreich. Es erstellt ÖNORM- und ON-Regel auf Basis des Normengesetzes. Die Normen können online käuflich erworben werden. URL: http://www.as-institute.at/ [1.6.2011]

3.2 Kurzzusammenfassung

Die Kurzzusammenfassung, das zweite Blatt der Bachelorarbeit, informiert die Leserin bzw. den Leser mit einigen wenigen Worten über deren Inhalt, Anliegen und Ergebnisse. In der Kurzzusammenfassung sollten Sie daher nicht ins Detail gehen. Sie sollte maximal eine halbe Seite umfassen. Belassen Sie es aber nicht nur bei der Ankündigung von Ziel und Zweck Ihrer Bachelorarbeit und Angabe dessen, welche Themen Sie in den einzelnen Kapiteln bearbeitet haben, sondern teilen Sie auf alle Fälle kurz und prägnant Ihre Ergebnisse bzw. Erkenntnisse mit. Übersetzen Sie die Kurzzusammenfassung außerdem auf der gleichen Seite in gut lesbares Englisch, was internationalen Gepflogenheiten entspricht, u.a. werden (wissenschaftliche) Arbeiten mittels einer englischen Kurzzusammenfassung (Abstract, Summary) in internationale Datenbanken übernommen. Eine erste Online-Übersetzungshilfe finden Sie beispielsweise in Google oder unter http://www.promt.de/.

3.3 Vorwort

Das Vorwort, das kein verpflichtender Baustein ist, leitet Ihre Bachelorarbeit ein und spiegelt Ihren persönlichen Bezug zum gewählten Thema wider. Das Vorwort entspricht einem Kurzaufsatz und braucht in Ihrer Bachelorarbeit die Länge einer Seite nicht zu überschreiten. Das Vorwort beinhaltet meist auch einen kurzen Dank an Personen und Stellen, die Sie beispielsweise durch (1) spezielle Literaturhinweise, (2) wertvolle Anregungen, (3) Hilfe bei der Arbeit am PC, (4) das Korrekturlesen etc. besonders unterstützt haben. Möglich sind auch Hinweise, von wem die Anregung zum Thema ausgegangen ist. Eine Danksagung an die Betreuer der Bachelorarbeit sollte unterbleiben, da es sich in diesem Fall um eine professionelle Aufgabe handelt, die eine Selbstverständlichkeit darstellt und für die nicht gedankt werden muss.[40] Werden die Studienfachbereiche bzw. die Studienfächer am Titelblatt nicht angeführt, empfiehlt sich die Angabe im Vorwort. Das gleiche gilt für die namentliche Nennung der Themenstellerinnen bzw. Themensteller.

Der Schreibstil kann persönlich gehalten sein. Die „Ich-Form" sollte ausschließlich im Vorwort verwendet werden. Das Vorwort schließt mit der Ortsangabe, dem Datum und dem Namen der Verfasserin bzw. des Verfassers.

3.4 Verzeichnisse

Zu den Verzeichnissen zählen das verpflichtend zu erstellende Inhaltsverzeichnis, ein Darstellungsverzeichnis oder Abbildungs- und Tabellenverzeichnis sowie das Abkürzungsverzeichnis.

Das Inhaltsverzeichnis entspricht dem Inhalt Ihrer Bachelorarbeit in Tabellenform und enthält ab dem Problemaufriss alle Überschriften (siehe Tab. 17). Die Kurzzusammenfas-

40 Vgl. Theisen 1993, S. 174; Eco 2003, S. 228

sung, das Vorwort, die Verzeichnisse, die eidesstattliche Erklärung und der Lebenslauf scheinen im Inhaltsverzeichnis nicht auf, sondern werden nur am richtigen Platz in die Bachelorarbeit eingebunden. Das Inhaltsverzeichnis gibt dem Leser einen ersten Überblick über die Systematik Ihrer Bachelorarbeit und bildet den ersten tieferen Eindruck. Seien Sie sich dessen bewusst, dass das Inhaltsverzeichnis die „Visitenkarte" Ihrer Bachelorarbeit ist. Das Inhaltsverzeichnis hat den logischen Aufbau der Arbeit widerzuspiegeln und muss eine erste größere Information über den Inhalt Ihrer Bachelorarbeit gestatten.

(01)	Problemstellung/Problemaufriss bzw. Einführung in die Problematik, erhält immer den Gliederungspunkt 1
(02)	Alle Überschriften der Kapitel
(03)	Alle Überschriften der Unterkapitel bzw. tiefer liegenden Ebenen
(04)	Zusammenfassende Darstellung der Arbeit
(05)	Literaturverzeichnis
(06)	Anhang
(07)	Gegliederte Teile des Anhangs (optional)

Tab. 17: Bestandteile der Überschriften des Inhaltsverzeichnisses

Es sollte selbstverständlich sein, dass das Inhaltsverzeichnis dem tatsächlichen Stand der Überschriften Ihrer Bachelorarbeit entspricht. Zusätzlich werden am rechten Rand der Überschriften (in der gleichen Zeile) die entsprechenden Seitenangaben platziert. Es genügt, die Seitenangabe mittels der Ziffer darzustellen, die Bezeichnung „Seite" können Sie weglassen. Aus dem Inhaltsverzeichnis sollte so auch die Gliederungstiefe der Kapitel mit einem Blick hervorgehen. Tab. 18 zeigt ein Beispiel eines gut strukturierten Inhaltsverzeichnisses. Das Textverarbeitungsprogramm Word erstellt bei entsprechender Handhabung automatisch ein korrektes Inhaltsverzeichnis (siehe 4.4.2 Inhaltsverzeichnis automatisch erstellen, Seite 109).

Wenn Sie vermehrt grafische Darstellungen und/oder Tabellen in Ihrer Bachelorarbeit verwenden, so sollten auch diese in einem Verzeichnis zu finden sein. Ein Darstellungsverzeichnis umfasst (1) grafische Darstellungen (Abbildungen) sowie (2) Texte (alphanumerisch) in Tabellenform. Bei einer entsprechenden Anzahl an Abbildungen und Tabellen kann zu einer Trennung in ein Abbildungsverzeichnis und ein Tabellenverzeichnis geraten werden. Auch diese können vom Textverarbeitungsprogramm Word automatisch erstellt werden.

Ein Abkürzungsverzeichnis enthält alle in der Bachelorarbeit verwendeten Abkürzungen, die nicht allgemein üblich sind und daher auch nicht im Österreichischen Wörterbuch stehen. Dazu zählen beispielsweise Abkürzungen von medizinischen oder pädagogischen Fachausdrücken. Das Abkürzungsverzeichnis steht hinter dem Inhaltsverzeichnis (Abbildungs-, Tabellenverzeichnis) auf einer eigenen Seite. Nach Möglichkeit sollten Sie jedoch auf Abkürzungen verzichten und die Bezeichnungen in Ihrem Text ausschreiben. Sie ersparen den Leserinnen und Lesern Ihrer Bachelorarbeit damit einiges an Sucharbeit.

Tab. 18: Beispiel eines Inhaltsverzeichnisses

3.5 Einführung in die Problemstellung

Die Einführung in die Problemstellung oder Einführung in die Problematik oder auch Problemaufriss (entspricht der Einleitung Ihrer Arbeit) stellt immer das Kapitel 1 dar. In diesem Kapitel sollten Sie das interessierende Problemfeld Ihrer Bachelorarbeit darstellen. Die Einführung in die Problemstellung umfasst nach KARMASIN und RIBING[41] zumindest drei wesentliche Aspekte (siehe Tab. 19).

(01)	Relevanz des Themas: Warum ist das Thema überhaupt wichtig?
(02)	Forschungsfrage(n): Welche Frage(n) will ich in der Bachelorarbeit überhaupt beantworten?
(03)	Vorgangsweise: Wie werde ich beim Beantworten der Forschungsfrage(n) vorgehen?

Tab. 19: Drei Aspekte der Einführung in die Problematik

Sie sollen einen Einblick gewähren, was beim Lesen der Arbeit erwartet werden kann. Die Einführung in die Problemstellung enthält (1) eine Begründung der Themenwahl, Ihre Motive und die Ausgangslage. (2) Der zentrale Teil der Einführung in die Problemstellung ist die Ihrer Bachelorarbeit zugrunde liegende, explizit formulierte Forschungsfrage. Stellen Sie Ihre Erkenntnis leitenden Interessen und die Ziele der Arbeit vor. (3) Ebenso sollten Sie den Weg der Zielerreichung, wie Sie die Beantwortung der Forschungsfrage vornehmen wollen, angeben. Dies entspricht der Offenlegung der verwendeten Methode des Vorgehens und skizziert somit den Aufbau Ihrer Bachelorarbeit. Verfassen Sie die Einführung in die Problemstellung nicht auf Grundlage Ihrer bis dahin im Studium erworbenen Kenntnisse – diese reichen sicherlich nicht aus –, sondern stützen Sie Ihre inhaltlichen und methodologischen Überlegungen auf recherchierte Quellen. Erst mit solch einem theoriegeleiteten Vorgehen kann Ihre Bachelorarbeit am State of the Art anschließen. Jedes andere Vorgehen müsste als vorwissenschaftlich naiv bezeichnet werden. Die Einführung in die Problemstellung braucht zwei Seiten nicht zu überschreiten.

In logischer Konsequenz all dessen ist daher auch mit dem Kapitel Einführung in die Problemstellung zu beginnen. Keinesfalls kann mit dem Hauptteil der Bachelorarbeit begonnen werden, da die Forschungsfrage(n) dann, wenn überhaupt, im Nachhinein ein-

41 2007, S. 24

gefügt würde(n), was wissenschaftlichen Arbeitskriterien vollkommen widerspricht. Dass die Endfassung in ihrer Reinschrift erst gegen Ende der Arbeit ausformuliert wird, versteht sich von selbst. Mit einer gut angelegten Einführung in die Problemstellung haben Sie zugleich auch immer ein gutes Korrektiv. Lesen Sie während des Arbeitens am Haupttext immer wieder Ihre Einführung in die Problemstellung durch und vergleichen Sie, ob Sie noch auf dem geplanten Weg sind. Wenn nicht, haben Sie zwei Möglichkeiten: (1) Sie ändern den Haupttext, um ihn wieder an Ihren ursprünglichen Plan anzugleichen oder (2) Sie korrigieren Ihre Einführung in die Problemstellung. Letztere Möglichkeit ist unbedingt mit Ihren betreuenden Lehrpersonen abzuklären, weil sich damit zwangsläufig Forschungsfrage(n) und/oder Methode(n) ändern.

3.6 Hauptteil – nachfolgende Kapitel

Der Hauptteil der Bachelorarbeit ist der Beantwortung der Forschungsfrage(n) zu widmen, wobei er in der Regel mehrere Kapitel umfasst. Hierbei muss der „rote Faden" erkennbar sein. Jedes Kapitel wiederum wird sinnvollerweise in Unterkapitel unterteilt. Jedes Kapitel sollte mit einem kurzen Aufriss beginnen. Der Leserschaft wird darin mitgeteilt, was sie in diesem Kapitel erwartet und warum dieses Kapitel verfasst wird. Expliziert werden muss, welchen Beitrag dieser Teil der Bachelorarbeit zu der Beantwortung der zentralen Forschungsfrage leisten soll. Dieser Aufriss steht gleich nach der Kapitelüberschrift und hat keine eigene Überschrift. Wenn Sie Schwierigkeiten haben, den Sinn eines Kapitels mitzuteilen, sollten Sie sich überlegen, ob es überhaupt notwendig ist, es in die Arbeit aufzunehmen.

Der Hauptteil der Bachelorarbeit umfasst bei einer Literaturarbeit immer die kritische Auseinandersetzung mit der Literatur mit Bezug zur eingangs gestellten Forschungsfrage. In manchen studentischen Zweckschriften sind zwar die einzelnen Kapitel ordentlich ausgearbeitet und gut mit Literatur belegt, sie sind aber nicht integrativ verfasst, d.h. sie stehen isoliert in der Arbeit. Für den Leser bzw. die Leserin ist nicht erkennbar, welchen Anteil nun ein bestimmtes Kapitel beim Beantworten der zentralen Forschungsfrage einnimmt. Oftmals hat man als beurteilende Lehrperson das Gefühl, manche Kapitel wurden nur verfasst, um auf eine benötigte Seitenanzahl zu kommen. Man könnte sie streichen, es würde dem Verständnis für das Problem und die Problemlösung keinen Abbruch tun. Aus diesem Grund müssen Sie sich überlegen, warum dieses Kapitel bei der Beantwortung der Forschungsfrage(n) unerlässlich ist, und dies auch explizieren.

Beenden sollten Sie ein Kapitel immer mit einer Zusammenfassung. Diese steht am Ende des Kapitels und wird oftmals mit der Überschrift Resümee versehen. In der Zusammenfassung stehen die zentralen Erkenntnisse des Kapitels mit einem Bezug zur Fragestellung. Dieser explizite Hinweis, wie die Erkenntnisse nun zur Beantwortung der Forschungsfrage(n) verwendet werden, welche Bedeutung sie im Lösungsprozess haben und warum sie bedeutsam und sinnvoll im Hinblick auf die Forschungsfrage(n) sind, macht Ihre Bachelorarbeit zu einer einzigartigen. All die Aussagen, die Sie aus der Literatur übernehmen, sind bereits existent. Was Sie daraus machen und wie Sie diese Aussagen, Behauptungen, Befunde, Erkenntnisse etc. aus der Literatur für die Beantwortung Ihrer Forschungsfrage(n) verwerten, ist einzigartig. Von daher ist Ihre Bachelorarbeit ein Original.

3.6.1 Inhaltliche Bausteine

In Ihrer Arbeit sind die zentralen Begriffe des Themas eindeutig zu definieren und darzustellen. Eine reine Auflistung von Definitionen aus Lexika genügt nicht. Begriffsdefinitionen werden vielmehr durch die Auseinandersetzung mit der aktuellen Literatur gewonnen. Mit der Festlegung der Begriffe deklariert man indirekt das Wissenschaftsverständnis und es werden die hinter den Begriffen stehenden Theorien, Menschen- und Weltbilder übernommen. Das sollte auch explizit in der Arbeit reflektiert werden.

Bestehende Theorien oder dokumentiertes Praxiswissen zur Forschungsfrage müssen argumentativ, vergleichend und kritisch erläutert, zusammengefasst und konkrete Schlussfolgerungen für die pädagogische Arbeit gezogen werden. Bezieht man konkrete Beispiele aus der pädagogischen Praxis ein, dann sind die theoretisch erarbeiteten Erkenntnisse zur Analyse und Reflexion der Praxis einzusetzen. Eine beschreibende Dokumentation alleine entspricht nicht einem wissenschaftlichen Vorgehen. Um den Argumentationszusammenhang sichtbar zu machen, können einzelne Arbeits- und Gedankenschritte beschrieben werden. Übergänge zwischen den einzelnen Kapiteln sollen dazu genützt werden, zu erklären, was nun warum gemacht wird („roter Faden").[42]

Bei einer empirischen Arbeit werden Sie insbesondere zu den oben angeführten Kriterien (1) den Theoriebezug auf Grundlage aktueller Fachliteratur herstellen, (2) Ihre angewandte empirische Methode auf Grundlage methodologischer Literatur umreißen und intersubjektiv nachvollziehbar dokumentieren sowie (3) die Ergebnisse korrekt darstellen und interpretieren müssen.

3.6.2 Grundsätze der Gliederung

Die Gliederung des Hauptteils sollte in Kapitel und Unterkapitel vorgenommen werden. Gibt es Unterkapitel zu einem Kapitel, dann müssen es zumindest zwei sein. In Abb. 44 wäre darauf zu achten, dass einem Unterkapitel 3.1 mindestens auch ein Unterkapitel 3.2 folgt (siehe Abb. 45).

42 Vgl. Richtlinien zum Verfassen einer Bachelorarbeit. Verordnung der Gründungsstudienkommission der Pädagogischen Hochschule Oberösterreich. Nr. 21/2007, S. 5

3 Zur Bachelorarbeit
3.1 Begriff der Bachelorarbeit
4 Rechte und Pflichten der Studierenden

Abb. 44: Falsche Gliederung des fiktiven Kapitels 3

3 Zur Bachelorarbeit
3.1 Begriff der Bachelorarbeit
3.2 Beurteilung der Bachelorarbeit
3.3 (Zusammenfassung)
4 Die formale Gestaltung von Bachelorarbeiten

Abb. 45: Richtige Gliederung des fiktiven Kapitels 3

Unterkapitel sollten außerdem auch keine wortgetreue Wiederholung des Kapitels sein (siehe Abb. 46 und Abb. 47).

3 Zur Bachelorarbeit und zur Defensio
3.1 Zur Bachelorarbeit
3.2 Zur Defensio

Abb. 46: Falsche Gliederung des fiktiven Kapitels 3 durch Wortwiederholung

3 Zur Bachelorarbeit und zur Defensio
3.1 Begriff der Bachelorarbeit
3.2.1 Ziel und Zweck in der Pädagogischen Hochschule
3.2.2 ....
3.2 Begriff der Defensio
4 Rechte und Pflichten der Studierenden

Abb. 47: Richtige Gliederung des fiktiven Kapitels 3 ohne Wortwiederholung

Die Gliederungstiefe sollte in der Regel vier Ebenen nicht überschreiten, hinter der letzten Stelle steht kein Punkt (siehe Abb. 48). Das Textverarbeitungsprogramm Word macht dies bei entsprechender Handhabung automatisch richtig (siehe 4.2.4 Formatvorlagen anpassen, Seite 94).

5 Zur Bachelorarbeit und zur Defensio
5.1 Ziel und Zweck des Einsatzes wissenschaftlicher Arbeiten
5.1.1 Die Bachelorarbeit in der Ausbildung
5.1.1.1 Themenwahl
5.1.1.2 Forschungsfrage
5.1.1.3 Vorgangsweise
5.1.2 Die Defensio in der Ausbildung
5.2. Beurteilung von Abschlussarbeiten
5.2.1 Beurteilung der Bachelorarbeit
5.2.2 Beurteilung der Defensio
5.3 Zusammenfassung
6 Rechte und Pflichten der Studierenden

Abb. 48: Vierstufige Gliederung des fiktiven Kapitels 5

3.6.3 Verzierungen

Eine Gliederung, die sich an wissenschaftlichen Arbeitskriterien orientiert, verzichtet bewusst auf Verzierungen (und wenn sie noch so gut gemeint sind). Die Bachelorarbeit stellt den Inhalt absichtlich sachlich und nüchtern dar und lenkt damit das Interesse des Lesers auf den eigentlichen Zweck der Arbeit, auf den Inhalt. Auch das Einkleben von Bildern, Fotografien etc. ist unüblich. Diese sollten heute als Abbildung eingescannt werden.

3.7 Zusammenfassende Darstellung

Die zusammenfassende Darstellung stellt (1) die wesentlichen Aussagen Ihrer Bachelorarbeit zusammenfassend in einem Kapitel dar, das aus mehreren Unterkapiteln bestehen kann, aber nicht muss. Zudem werden in der zusammenfassenden Darstellung immer auch (2) die Ergebnisse (Beantwortung der Forschungsfragen) präsentiert, d.h. zu welchem Ergebnis Sie aufgrund Ihrer Recherchen (Literaturarbeit) oder Untersuchung gekommen sind. Zu diskutieren ist außerdem, (3) welche Schlüsse Sie allgemein ziehen können, welche konkreten Konsequenzen für zukünftige Tätigkeiten abgeleitet werden, welche Fragen offen geblieben sind und einer weiteren Analyse bedürfen (siehe Tab. 20). Somit schließen Sie den Bogen zu den in Ihrer Einleitung aufgeworfenen Fragen und geben eine nunmehrige Sichtweise und Gesamteinschätzung der Thematik ab.

(01)	Die wesentlichen Aussagen
(02)	Ergebnis(se): Antwort(en) auf die Forschungsfrage(n)
(03)	Konsequenzen der Ergebnisse, Ausblick

Tab. 20: Drei Aspekte der zusammenfassenden Darstellung

Mit (1) der Einführung in die Problemstellung und (2) der zusammenfassenden Darstellung sollten Ziel(e) und Ergebnis(se) eindeutig erkennbar sein und die grundlegenden Informationen Ihrer Bachelorarbeit geliefert werden. Die zusammenfassende Darstellung braucht in Ihrer Bachelorarbeit in der Regel zwei bis drei Seiten nicht zu überschreiten.

3.8 Literaturverzeichnis

Generell werden – angelehnt an den APA Style[43] – in das Literaturverzeichnis nur die Quellen aufgenommen, die auch im Text zitiert werden.[44] Das Literaturverzeichnis enthält daher alle in der Bachelorarbeit verwendeten Publikationen, also Monografien, Bücher, Aufsätze in Sammelbänden, Beiträge in Büchern, Lehrbüchern, Fachzeitschriften, Lexika, Handbüchern sowie Diplomarbeiten, Dissertationen, Habilitationen, außerdem publizierte Konferenzberichte, Kongressberichte, Papers von Institutionen, Festschriften, Gesetze und Verordnungen, Zeitungen wie die Presse, der Standard etc.

Die Angabe der Quellen im Literaturverzeichnis hat den Sinn, dass sich interessierte Personen diese Quellen besorgen können. Daher hat sich eine gewisse Systematik der Quellenangabe in der Scientific Community eingebürgert. Grundsätzlich wird Literatur durch Angabe der Autorennamen, des Titels, des Verlagsortes und des Erscheinungsjahres angegeben. In letzter Zeit sieht man auch schon immer öfter, dass der Verlagsname ebenfalls angegeben wird (dies sehen sowohl der APA Style als auch der Harvard Style vor[45]). Zur genaueren Angabe von Literatur wird auf Punkt 5.3 Zum Literaturverzeichnis, Seite 117, verwiesen.

Das Literaturverzeichnis wird generell in alphabetischer Reihenfolge angelegt (Familienname der Autorinnen und Autoren bzw. Quellen), innerhalb der gleichen Autorennamen in chronologischer Reihenfolge aufsteigend. Wird aus Diplomarbeiten, Dissertationen und Habilitationen zitiert, die nicht publiziert wurden, ist dies anzugeben sowie der Universitätsname und das Institut.

Zu den Quellen werden aber auch mündliche Auskünfte von Expertinnen und Experten, Argumentationen, Auszüge und Darstellungen aus Schulprotokollen und dergleichen

43 American Psychological Association, 6th Ed. 2009
44 Vgl. Rossig & Prätsch 2006, S. 118
45 Vgl. Rossig & Prätsch 2006, S. 118 f.

gerechnet, wobei deren Verwendung immer auch eine rechtliche Dimension (z.B. Amtsverschwiegenheit) einschließt. Beachten Sie dies in Ihrem Interesse.

3.9 Anhang

In den Anhang kommen üblicherweise Darstellungen, die im Text nicht untergebracht werden können, weil sie dort eher stören, sehr viel Platz wegnehmen und ihre Integration im Text daher unpassend wäre. Beispielsweise kommen Materialien wie (unausgefüllte) Fragebögen, Beobachtungsbögen, Interviewleitfäden, Arbeitsblätter als Vorlagen in den Anhang, ebenso Dokumente, Bildmaterialien, Protokolle etc. Jene Internetseiten, aus denen zitiert wurde, sind als Ausdruck im Anhang mit einzubinden.

Zu beachten ist jedenfalls, dass der Anhang durchnummeriert und jeder Teil mit einer passenden Überschrift versehen wird. Im Textteil ist an der passenden Stelle auf die Materialien im Anhang zu verweisen (mit Ausnahme der zitierten Internetseiten). Sollte die Darstellung aus einer zitierpflichtigen Quelle verwendet werden (z.B. fotokopiert, gescannt etc.), dann müssen Sie unbedingt die verwendete Quelle angeben, die auch im Literaturverzeichnis als Vollbeleg aufscheint. Der Anhang wird mit allen Überschriften in das Inhaltsverzeichnis aufgenommen.

3.10 Eidesstattliche Erklärung

Die eidesstattliche Erklärung ist handschriftlich mit Vor- und Familiennamen zu unterschreiben und an der vorgeschriebenen Stelle mit einzubinden. Verwenden Sie den Text, der an Ihrer Pädagogischen Hochschule vorgeschrieben ist. Folgend sind zwei unterschiedlich formulierte Erklärungen angeführt (Tab. 21):

(01)	„Ich erkläre, dass ich die vorliegende Bachelorarbeit selbst verfasst habe und dass ich dazu keine anderen als die angeführten Behelfe verwendet habe. Außerdem habe ich ein Belegexemplar verwahrt."
(02)	„Ich erkläre, dass ich die vorliegende Bachelorarbeit selbst verfasst und dazu keine anderen als die angeführten Behelfe verwendet, die Autorenschaft eines Textes nicht angemaßt und wissenschaftliche Texte oder Daten nicht unbefugt verwertet habe. Außerdem habe ich die Reinschrift der Bachelorarbeit einer Korrektur unterzogen und ein Belegexemplar verwahrt. Ferner gebe ich meine Einwilligung zur Veröffentlichung in der Hochschulbibliothek und online als Volltext."

Tab. 21: Eidesstattliche Erklärung – Textbeispiele

3.11 Lebenslauf

Es besteht bei umfangreicheren Arbeiten die Möglichkeit, als letzte Seite der Arbeit auch einen Lebenslauf der Verfasserin bzw. des Verfassers mit einzubinden. Der Lebenslauf gibt in Tabellenform (nicht in Aufsatzform) Rückschlüsse auf Sie, sollte aber kurz und prägnant gehalten werden.

Wichtige Daten des Lebenslaufes sind (1) Vor- und Zuname, (2) Geburtsdatum, (3) Bildungsgang (führen Sie auch Lehre, berufliche Tätigkeiten, absolvierte Ausbildungen, Fort- und Weiterbildungen sowie besondere fachliche Kenntnisse an). Nicht anzuführen sind Glaubensbekenntnis, Name der Eltern, Familienstand, Geschwister, Hobbys etc.

3.12 Weitere Darstellungsformen

Darstellungen wie Tabellen und Abbildungen sind notwendige Bestandteile jeder (wissenschaftlichen) Arbeit, der Umgang damit sollte von Ihnen beherrscht werden.

3.12.1 Abbildungen

Abbildungen sind verschiedenste Darstellungen wie eingescannte, kopierte oder auch selbst erstellte Skizzen, Fotografien, Graphiken, Bilder, Teile aus Dokumenten, Gesetzesauszügen – kurzum alles, was nicht als Aufzählung oder Tabelle gilt.

Jede Abbildung ist mit einer Benennung (passenden Überschrift oder Unterschrift) zu versehen und in der Bachelorarbeit fortlaufend zu nummerieren. Anzugeben sind immer auch die Quellen. Es ist üblich, jede Abbildung im Text zu kommentieren und auf sie hinzuweisen (z.B. durch den Zusatz: siehe Abb. XY).

3.12.2 Tabellen

Nicht selten wird im Text das Aufzählen von Merkmalen, Daten, Eigenschaften und dergleichen notwendig. Wird diese Aufzählung in den laufenden Text integriert, kann er unnötigerweise lang und vor allem sehr schwer lesbar werden. Tabellen können Abhilfe schaffen. Es gibt bei der Erstellung von Tabellen aber einiges zu berücksichtigen (siehe Tab. 22).

(01)	Tabellen sollten grundsätzlich in einem Rahmen in den laufenden Text eingefügt werden.
(02)	Es gibt mehrere Möglichkeiten, eine Aufzählung vorzunehmen, in der Regel gilt aber: Wenn Sie sich für eine bestimmte Form entschieden haben, sollten Sie diese die gesamte Bachelorarbeit über beibehalten.
(03)	Stammen die in der Tabelle genannten Daten aus einer zitationspflichtigen Quelle, dann ist diese anzugeben.

(04)	Die Tabelle wird immer mit einer Benennung (passenden Überschrift oder Unterschrift) versehen und nummeriert.
(05)	Wird eine Tabelle eingefügt, ist zum laufenden Text genügend Freiraum zu lassen.
(06)	Grundsätzlich sollten Tabellen im laufenden Text kurz kommentiert werden.
(07)	Im laufenden Text ist auch auf die Tabellen hinzuweisen (z.B. durch den Hinweis: siehe Tab. XY).

Tab. 22: Grundsätze der Tabellenerstellung

In Tab. 22 wurde die Aufzählung unter Einschaltung der Nummerierung (01), (02), (03) etc. vorgenommen. Diese Vorgangsweise wäre bei allen Tabellen der Bachelorarbeit einzuhalten. Ein Hin- und Herwechseln, beispielsweise von →, →, → etc. auf (a), (b), (c) etc. und dann auf ✓, ✓, ✓ etc. ist inkorrekt und sollte daher unterbleiben. Sehr selten kann die besondere Art der Aufzählung dazu zwingen, von diesem Grundsatz abweichen zu müssen, beispielsweise bei Zitationen von Gesetzestexten mit Paragraphenangabe oder Skalenbeschreibungen. Eine Tabelle hat eine Über- oder Unterschrift aufzuweisen und ist mit einer fortlaufenden Nummer zu versehen. Stammt die Tabelle aus einer Quelle, ist diese mit „Quelle: XY" oder „entnommen aus: XY" anzugeben. Die genaue Form der Quellenangabe wird unter Punkt 5.4 Zum Zitieren, Seite 127, behandelt.

3.13 Äußere Form der Bachelorarbeit

Da Ihre Bachelorarbeit eine wissenschaftliche Zweckschrift ist, gelten bezüglich der äußeren Form ebenfalls einige Vorschriften, an die Sie sich halten sollten (siehe Tab. 23).

(01)	Die Bachelorarbeit ist nur einseitig bedruckt, also immer auf der rechten Seite.
(02)	Das Deckblatt ist die erste Seite, wird jedoch nicht paginiert.
(03)	Die Kurzzusammenfassung mit der englischen Übersetzung als Summary bzw. Abstract ist die Seite zwei, wird jedoch ebenfalls nicht paginiert.
(04)	Das Vorwort steht auf Seite drei und hat ebenfalls noch keine Paginierung.
(05)	Das Inhaltsverzeichnis beginnt auf Seite vier und ist die erste Seite mit Paginierung.
(06)	Abbildungs-, Tabellen- und Abkürzungsverzeichnis stehen auf den nachfolgenden Seiten mit Paginierung.
(07)	Die Paginierung wird in der Kopfzeile rechts oben angebracht.
(08)	Da im Blocksatz geschrieben werden soll, bildet der rechte Rand eine Linie.
(09)	Alle Kapitelüberschriften beginnen auf einer neuen Seite (Einstellung in Word: Seitenumbruch oberhalb).
(10)	Nach einer Überschrift sollte nicht gleich eine Überschrift der darunterliegenden Ebene stehen. Zwischen zwei Überschriften ist zumindest ein kurzer Textblock zu verfassen. Beispielsweise können Sie darstellen, was die Leserschaft erwartet und warum Sie dieses oder jenes anführen.

(11)	Tabellen und Abbildungen sind durch Abstände vom Text abzugrenzen.
(12)	Die Seitenränder (Vorschlag): oben 3 cm, unten 2,5 cm, links 3 cm, rechts 2,5 cm
(13)	In der letzten Zeile der Seite steht keine Überschrift mehr; diese sollte auf die nächste Seite gesetzt werden (Einstellung in Word: Absätze nicht trennen).
(14)	Jede Seite der Bachelorarbeit wird soweit wie möglich mit Text (Times New Roman oder Arial, Schriftgröße 12 pt, Zeilenabstand 1½-zeilig oder 1,3-fach), Tabellen und Abbildungen ausgefüllt, Leerplätze sind zu vermeiden.
(15)	Mit der letzten Zeile einer Seite sollte nie ein neuer Absatz begonnen werden bzw. in der ersten Zeile der nächsten Seite sollte nie allein die letzte Zeile eines Absatzes von der Vorderseite stehen (Einstellung in Word: Absatzkontrolle). Tabellen und Abbildungen sind durch Abstände vom Text abzugrenzen.

Tab. 23: Äußere Formvorschriften für die Bachelorarbeit

3.14 Stil der Bachelorarbeit

Sie können in Ihren Ausführungen durchaus pointiert formulieren, ohne dabei umgangssprachliche Wendungen oder einen allzu saloppen Ton zu verwenden. Abgesehen von Irritationen, die ein inadäquater (nicht wissenschaftlicher) Stil beim Lesen Ihrer Bachelorarbeit hervorruft, könnten „plump" gewählte Ausdrücke und Formulierungen bei Ihren betreuenden Lehrpersonen den Eindruck erwecken, dass Sie Sachlichkeit (und wissenschaftlichen Ernst) vermissen lassen. Bedenken Sie, dass in aller Regel die erste eigene sprachliche Formulierung wie beispielsweise Begründungen, Argumentationen, Anmerkungen, Ergänzungen, Bemerkungen, Einbringen persönlicher Erfahrungen, Ideen etc. das Überlegte nicht in idealer Form ausdrückt. Erst durch mehrfache Überarbeitungen nimmt Ihr Stil in der Bachelorarbeit eine adäquate (wissenschaftliche) Form an. Grundsätzlich nimmt sich, wie in allen wissenschaftlichen Arbeiten, die Verfasserin bzw. der Verfasser einer Bachelorarbeit als Person zurück und überlässt der Sachlichkeit den Platz. Der Schreibstil sollte daher möglichst verständlich sein, die Argumentation nachvollziehbar, die Daten und Aussagen müssen eindeutig belegt sein. Es sind weniger die persönlichen Meinungen, Vorlieben oder Einschätzungen als vielmehr die Begründungen der Meinungen von Bedeutung. Es muss immer klar erkennbar sein, auf welche Grundlagen sich Behauptungen beziehen.

Als Schreibstil verwenden Sie den Nominalstil, wie er in wissenschaftlichen, behördlichen und fachsprachlichen Texten üblich ist und nicht den Verbalstil, der in der Belletristik zur Anwendung kommt. Die Nominalisierung ist eine Umwandlung von einem Verb oder einem Adjektiv zu einem Hauptwort. Vorwissenschaftliche Texte sind eher erkenntnisorientiert als handlungsorientiert. Erkenntnisse werden in Form stabiler Einheiten dargestellt, die solange Gültigkeit besitzen, bis sie widerlegt werden. Für diesen Zweck werden in der deutschen Sprache (und auch in anderen Sprachen wie z.B. Englisch) Nomina verwendet. Verben dagegen drücken Prozesse aus und sind von ihrer Funktion her eher handlungsorientiert.

Sie müssen sprachlich präzise zwischen Bericht und Ihrem persönlichen Kommentar unterscheiden. Für eigene Argumentationen verwendet man den Indikativ, für indirekte Zitate von anderen Autorinnen und Autoren den Konjunktiv. Wenn Sie zu einer Frage oder zu einer Aussage in Ihrer Bachelorarbeit ausnahmsweise ganz persönlich Stellung nehmen wollen bzw. Ihre Meinungen, Erfahrungen und Haltungen einfließen lassen wollen, dann achten Sie dabei aber auf einige Besonderheiten (siehe Tab. 24).

(01)	Verwenden Sie eine klare Sprache (sachlich, neutral und eindeutig), kurze Sätze und den in wissenschaftlichen und fachsprachlichen Texten üblichen Nominalstil.
(02)	Gehen Sie sparsam mit direkten Zitaten um und schreiben Sie Abkürzungen aus.
(03)	Verwenden Sie beim Formulieren eigener Argumentationen, Begründungen, Meinungen, Erfahrungen und Haltungen nicht die Ich-Form – die einzige Ausnahme ist das Vorwort.
(04)	Eigene Gedanken können mit Umschreibungen wie „dem kann entgegengehalten werden...", „dazu ist zu bemerken...", „mit Nachdruck ist dem zu widersprechen...", „hierzu wird festgehalten...", „dem wäre hinzuzufügen..." formuliert werden.
(05)	Vermeiden Sie Endlosaufzählungen, Wortwiederholungen, umgangssprachliche Formulierungen und die Formulierung „Nach Ansicht der Verfasserin bzw. des Verfassers...".
(06)	Bleiben Sie sachlich: Verwenden Sie keine Adverbien wie „natürlich..." und „selbstverständlich...".
(07)	Vermeiden Sie (die in aller Regel unangemessenen) Adverbien und Füllwörter wie „wohl...", „fast...", „irgendwie...", „an und für sich...", „natürlich...", „selbstverständlich...", „nun..." und „gewissermaßen...".
(08)	Leiten Sie einen Satzübergang nicht mit der unangemessenen Feststellung „übrigens..." ein.
(09)	Vermeiden Sie in jedem Fall unnötige Phrasen wie „es wird festgestellt...", „man..." oder „so sagt man...".
(10)	Vermeiden Sie die Formulierung „Es ist wichtig, dass...". Wenn Sie diese Formulierung unbedingt verwenden wollen, dann begründen Sie, für wen, aus welcher Perspektive und zu welchem Zweck etwas wichtig sein soll.
(11)	Unangebracht ist die ungefragte Einbeziehung der Leserschaft etwa in der Art von „...wir kommen zu dem Schluss, dass...".
(12)	Unpassend ist auch die Formulierung „man..." oder „so sagt man...".
(13)	Ein weiterer Hinweis: Häufig sind Bachelorarbeiten (und nicht nur sie) mit sogenannten dass-Sätzen überfrachtet. Dies können Sie vermeiden, indem Sie in dass-Konstruktionen den einleitenden Satzteil auf ein einziges Wort reduzieren. Also statt „Es ist bekannt, dass..." wäre die Formulierung „Bekanntlich..." besser.

Tab. 24: Wichtige Hinweise beim Formulieren eigener Gedanken

Die folgenden Beispiele zu wissenschaftlichem versus nicht wissenschaftlichem Stil sollen Ihnen beim Entwickeln Ihres eigenen Schreibstils helfen.

Falsch	Richtig
Das ICH-Tabu	
Ich möchte in dieser Arbeit zeigen, dass der pädagogische Nutzen der didaktischen Analyse von Wolfgang Klafki …	In dieser Arbeit wird der pädagogische Nutzen der didaktischen Analyse nach Wolfgang Klafki (1963) diskutiert …
Bei meiner Befragung stellte sich heraus, dass die Zahl der Mädchen in rechtsextremen Gruppen im Ansteigen ist.	Die durchgeführte Befragung zeigt ein Ansteigen der Zahl der Mädchen in rechtsextremen Gruppen.
Ich darf beim Schreiben einer wissenschaftlichen Arbeit das Wörtchen „Ich" nicht verwenden.	Das Wörtchen „Ich" darf in einer wissenschaftlichen Arbeit nicht verwendet werden.
Das Passiv	
Die Autorin XY beschreibt die Entstehung der Schulangst aus psychoanalytischer Sicht.	Von der Autorin XY wird die Entstehung der Schulangst aus psychoanalytischer Sicht beschrieben.
Ich definiere nun die für die Arbeit relevanten Begriffe.	Die relevanten Begriffe für die Arbeit werden nun definiert.
Die Autoren erklären die Studie über das Freizeitverhalten von Jugendlichen ausführlich.	Die Studie über das Freizeitverhalten von Jugendlichen wird von den Autoren ausführlich erklärt.
Die Nominalisierung	
Wenn ich zitiere, argumentiere ich nachvollziehbar.	Nachvollziehbarkeit wird durch die Verwendung von Zitaten erreicht.
Es dauerte einige Zeit, die Transkriptionen anzufertigen.	Das Anfertigen der Transkriptionen dauert einige Zeit.
Es kommt darauf an, die Gedanken nachvollziehbar darzustellen.	Es kommt auf die Nachvollziehbarkeit der Gedanken an.
Formelle Sprache	
Diese Studie ist hervorragend erläutert.	Die Erläuterungen zur Studie sind verständlich verfasst.
Die Untersuchung zeigt, dass es wahnsinnig wichtig ist, dass Jugendliche über gesunde Ernährung informiert werden.	Die Ergebnisse der Studie belegen die Bedeutung des Wissens von Jugendlichen über gesunde Ernährung bezüglich einer gesunden Lebensführung.
Das Experiment zeigt die schlechte Auswirkung von Drogen auf die Konzentrationsfähigkeit.	Die negative Auswirkung von Drogen auf die Konzentrationsfähigkeit wird im Experiment nachgewiesen.

Tab. 25: Wissenschaftlicher Stil

4 ZUR TEXTVERARBEITUNG MIT WORD

Nachfolgende Ausführungen beziehen sich auf das Textverarbeitungsprogramm Microsoft® Office Word 2010. Welches Betriebssystem (Windows XP, Vista, Windows 7) Sie auf Ihrem PC verwenden, ist dabei nebensächlich. Bei den folgenden Angaben zur Formatierung Ihrer Bachelorarbeit wird davon ausgegangen, dass Ihre betreuenden Lehrpersonen keine speziellen, abweichenden Einstellungen vorgeben. Die Anleitungsschritte decken die wesentlichen Einstellungen für Ihre Bachelorarbeit ab. Sie erfahren, wie Sie sich durch den gezielten Einsatz von Formatvorlagen spätere Korrekturen erleichtern und welche Aufgaben der Computer dadurch für Sie übernehmen kann. Solchermaßen angelegte Dokumente sind außerdem Vorbedingung dafür, weitere höhere Programmfunktionen zu benutzen, die am Ende des Kapitels nur kurz genannt werden können. Für die Erstellung der Bachelorarbeit sind die Schreib- und Gestaltungsregeln für die Textverarbeitung der ÖNORM A 1080[46] heranzuziehen.

4.1 Vor Arbeitsbeginn

Wir setzen voraus, dass Sie sich im Rahmen Ihres EDV-Unterrichts bis zur Matura Grundkenntnisse der Textverarbeitung angeeignet haben. Die Gestaltung eines so komplexen Schriftstücks wie einer Bachelorarbeit erfordert jedoch den Einsatz zahlreicher Programmfunktionen. Wenn Sie bisher wenig oder noch nie mit Word gearbeitet haben, empfehlen wir Ihnen, sich noch vor dem eigentlichen Beginn Ihrer Bachelorarbeit die benötigten Kenntnisse der Formatierung anzueignen. Legen Sie dafür Übungsdateien mit Texten an und formatieren Sie diese entsprechend den Anleitungen in diesem Kapitel. Sie werden erstaunt sein, wie schnell Sie durch solche Übungen sicherer im Umgang mit dem Programm werden.

4.1.1 Den Anleitungen dieses Kapitels folgen

Im nachstehenden Text werden die einzelnen Arbeitsschritte der Übersichtlichkeit halber wie im folgenden Beispiel angeführt. Die *kursiv* dargestellten Textpassagen beziehen sich dabei auf Menüs, Optionen, Dialogboxen, Schaltflächen, Kontrollfelder, Listenfelder etc. Wo es für ein besseres Verständnis notwendig erscheint, sind die Anleitungen durch Abbildungen der entsprechenden Bildschirmelemente ergänzt.

Beispiel: Um von einem Dokument nur die gerade aktuelle Seite (das ist jene Seite, die am Bildschirm angezeigt wird und in der sich die blinkende Absatzmarke befindet) zu drucken, wählen Sie *Datei/Drucken/Einstellungen/Aktuelle Seite drucken/Drucken*. Damit ist gemeint: Klicken Sie nacheinander in der Menüleiste auf *Datei* (1), im folgenden

46 Käuflich zu erwerben unter http://www.as-institute.at/ [1.6.2011]

Kontextmenü auf *Drucken* (2), im dann erscheinenden Druckmenü unter *Einstellungen* auf den kleinen nach unten zeigenden Pfeil (Dreieck) (3). Nun wählen Sie *Aktuelle Seite drucken* (4) und im Anschluss klicken Sie auf die Schaltfläche *Drucken* (5) (siehe Abb. 49). Nun wird die von Ihnen gewünschte Seite gedruckt.

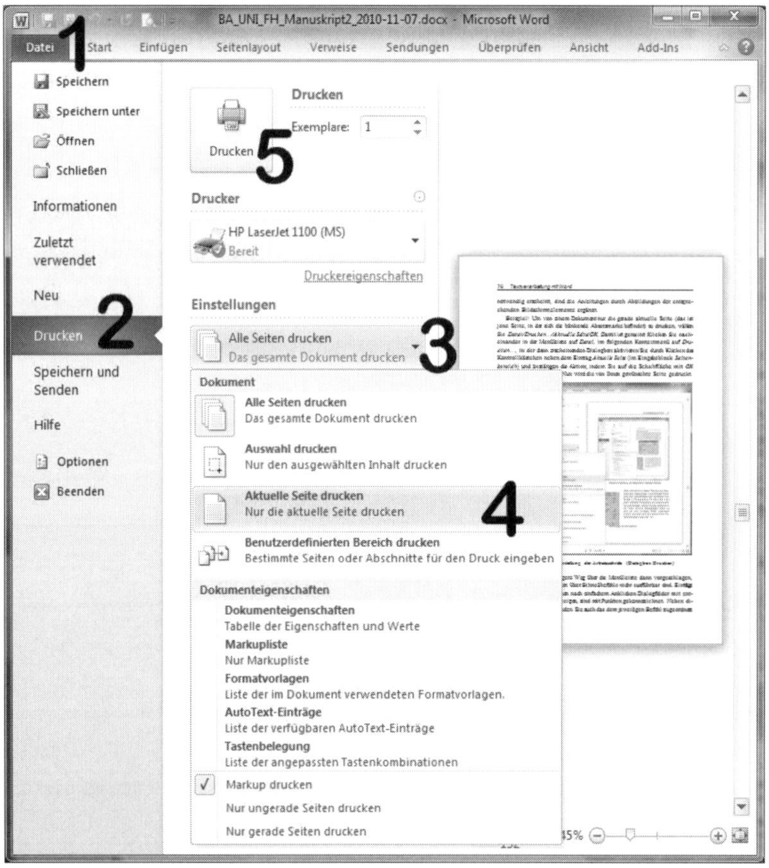

Abb. 49: Beispiel zur Darstellung der Arbeitsschritte (Dialogbox Drucken)

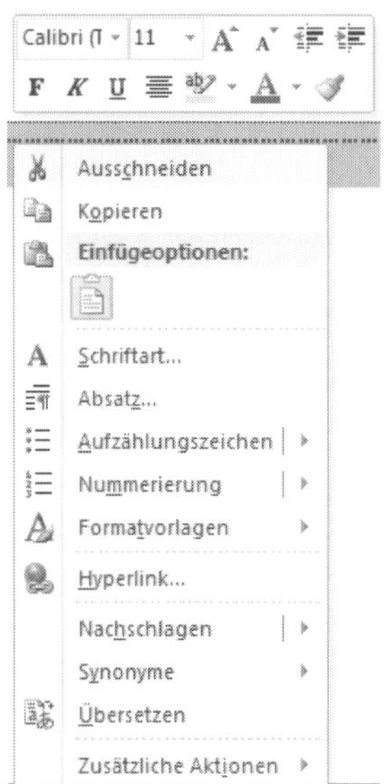

Abb. 50: Bearbeitungen über die Menüleiste nach Rechtsklick

Meist wird der etwas längere Weg über die Menüleiste dann vorgeschlagen, wenn benötigte Funktionen über Schnellbefehle (im Dokument mit der rechten Maustaste klicken) nicht ausführbar sind. Einträge in Kontextmenüs, die nach einfachem Anklicken Dialogfelder mit entsprechender Auswahl anzeigen, sind mit Punkten gekennzeichnet (z.B. *Absatz...*). Neben einigen Menüeinträgen finden Sie auch das dem jeweiligen Befehl zugeordnete Symbol (siehe Abb. 50).

Bearbeitungen über Anklicken von Schaltflächen in der Symbolleiste bzw. im Menüband oder durch Betätigen von Tastenkombinationen (Shortcuts) oder Klicken der rechten Maustaste bedingen häufig, dass vorher jener Teil (eine Textpassage, ein einzelnes Objekt etc.) markiert wird, auf den sich der Befehl beziehen soll. Welche Möglichkeiten der Markierung Ihnen zur Verfügung stehen, können Sie in der Microsoft® Word-Hilfe nachlesen. Die Funktionsweise dieses Hilfsprogramms wird im nächsten Abschnitt erklärt.

4.1.2 Die integrierte Word-Hilfe benutzen

Eine grundlegende Unterstützung beim Üben kann die Microsoft® Word-Hilfe sein. Dieses in Word integrierte Hilfsprogramm bietet für viele Arbeitsschritte neben der Suche nach Stichworten und Begriffen auch eine schrittweise Anleitung (Erste Schritte mit Word, siehe Pfeil in Abb. 51) an.

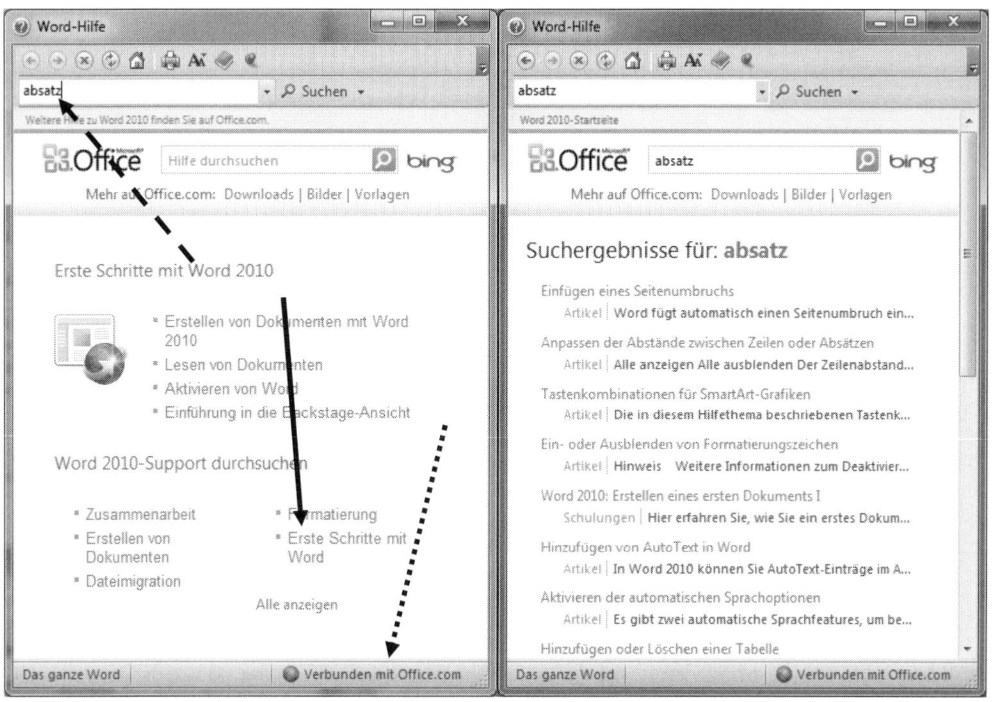

Abb. 51: Die Dialogbox Word-Hilfe mit den Suchergebnissen zu *absatz*

Über *Datei/Hilfe/Microsoft Office-Hilfe* oder durch Drücken der Funktionstaste F1 (üblicherweise die zweite Taste von links in der obersten Reihe Ihrer Tastatur) gelangen

Sie zur in Abb. 51 links dargestellten Dialogbox, wo Ihnen weitere Möglichkeiten der Unterstützung während der Arbeit angezeigt werden. Immer wenn der Mauszeiger zur Hand wird, sobald Sie auf einen Eintrag zeigen, können Sie durch Anklicken weitere Erklärungen zu dem Thema oder Begriff erhalten. Sie können auch nach Begriffen suchen, die Sie erklärt haben wollen. Dazu müssen Sie den Begriff in das Suchfeld schreiben und die Eingabe mit der Eingabetaste (Enter, Return) bestätigen. In Abb. 51 wurde der Begriff „*absatz*" (siehe strichlierter Pfeil) eingetragen (Groß-/Kleinschreibung muss nicht beachtet werden). Wenn Sie online sind, sucht Microsoft® Office auch in der Online-Hilfe (siehe punktierter Pfeil in Abb. 51). Als Suchergebnis sehen Sie eine neue Dialogbox (siehe Abb. 51 rechts). Wählen Sie durch Anklicken die entsprechende Hilfeoption und führen Sie die Anleitungen aus. Noch ausführlichere Anleitungen erhalten Sie in den zahlreichen Büchern, die rund um die Anwendung dieses Programms erschienen sind und laufend erscheinen. Die meisten dieser Publikationen sind aber leider sehr teuer. Da es auch sehr große qualitative Unterschiede gibt, sollten Sie prüfen, ob Ihnen Aufbau und Stil eines Buches zusagen, bevor Sie es sich anschaffen. Kostengünstiger sind Skripten und Arbeitshefte, die oft spezifische Themen behandeln. Diese sind aber häufig nur in Spezialbuchhandlungen einsehbar. Weitere Hilfestellungen finden Sie über das Internet und in Computermagazinen, die oft sogar interaktive Workshops auf CD-ROM enthalten. Vielleicht können Sie sich solche Hilfsmittel von Freunden und Bekannten oder in Bibliotheken ausleihen.

Wenn Sie mit Word 2003 schon sehr viel gearbeitet haben und Ihnen die Menüs und Befehle geläufig sind, Sie nun Word 2010 verwenden und die Befehle in der neuen Menüführung nicht finden, kann Ihnen ein interaktives Online-Programm helfen. Das Programm bezieht sich zwar auf Word 2007, im Großen und Ganzen ist der Unterschied zu 2010 aber nicht sehr groß. Sie finden dieses Programm unter dem Namen *Interaktives Referenzhandbuch: Befehle in Word 2003 und Word 2007 im Vergleich* auf der Microsoft®-Homepage unter dem URL http://office.microsoft.com/de-de/word-help/interaktives-referenzhandbuch-befehle-in-word-2003-und-word-2007-im-vergleich-HA010074432.aspx. Wahlweise können Sie auch mit den Suchbegriffen *Referenz Word 2003 2007* in Google suchen. Das Handbuch erfordert Adobe Flash Player 7.0 oder höher (das ist ein Browser-Zusatzmodul). Nach dem Start des Handbuchs (Programms) sehen Sie die Oberfläche von Word 2003. Dort klicken Sie in der Menüleiste auf einen Befehl, beispielsweise auf *Format/Absatz* (siehe Pfeile in Abb. 52).

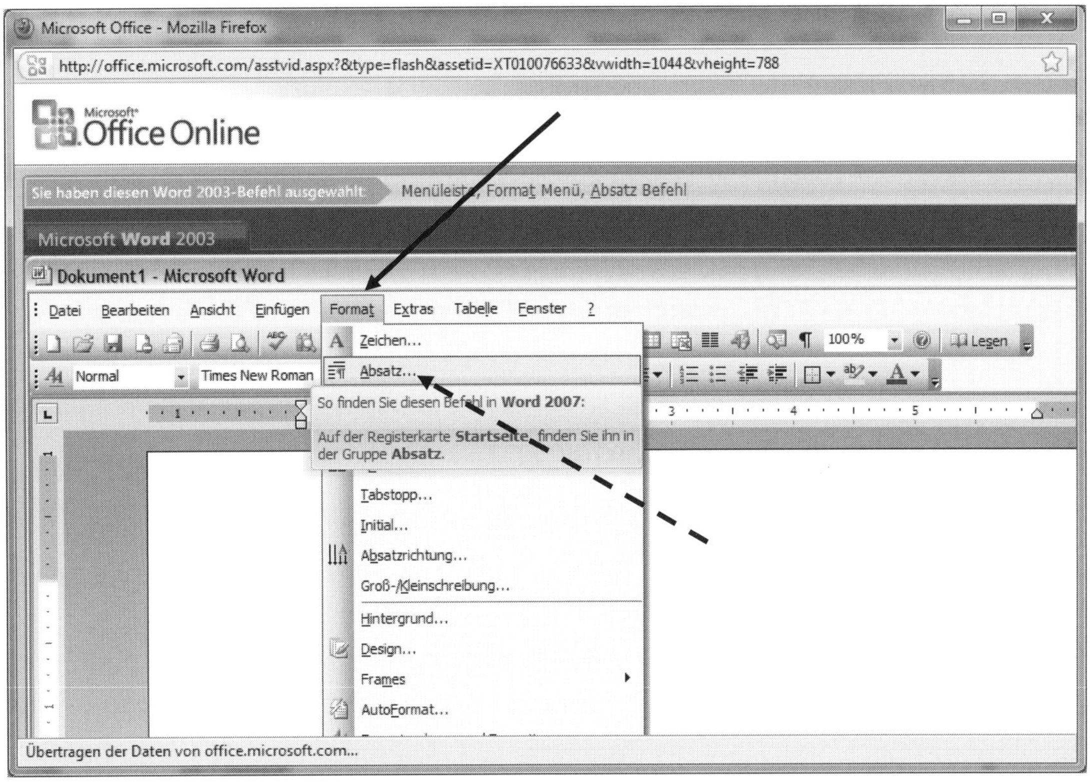

Abb. 52: Interaktives Handbuch Word 2003

Automatisch wechselt die Darstellung auf die Oberfläche von Word 2007 und die entsprechenden Felder auf dem Menüband werden farbig eingerahmt (siehe Pfeile in Abb. 53).

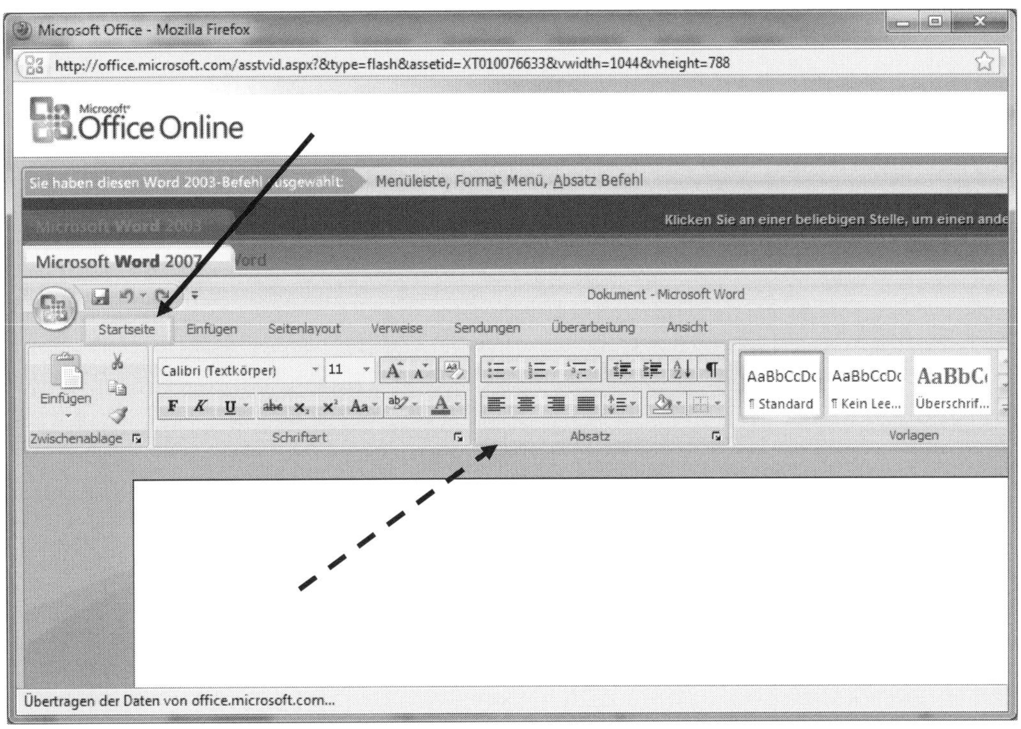

Abb. 53: Interaktives Handbuch Word 2007

4.2 Erste Arbeitsschritte

Nachdem Sie das Programm Word geöffnet haben, erscheint zunächst ein neues Dokument, das auf der Dokumentvorlage *Normal.dot* basiert. Diese Datei (vorstellbar als ein „Linienspiegel", der eine Fülle von Einstellungen im Hintergrund bereithält) enthält bereits eine Reihe von Dokumenteinstellungen und Formatvorlagen, so wie sie standardmäßig in der Programmsoftware festgelegt wurden. Diese werden jedoch wahrscheinlich nicht Ihren Bedürfnissen für die Bachelorarbeit entsprechen. Deswegen sollten Sie diese zunächst anpassen.

4.2.1 Eine Datei anlegen und speichern

Überlegen Sie, in welchem Ordner Sie Ihre Bachelorarbeit ablegen wollen. Bedenken Sie dabei, dass Sie sehr häufig mit dieser Datei arbeiten werden. Sie sollten deswegen einen Speicherort wählen, auf den Sie schnell zugreifen können. Wenn Sie nacheinander auf *Datei/Speichern unter...* klicken (siehe Abb. 54), sehen Sie Verknüpfungen zu Ihren Ordnern. Besonders empfehlenswert ist die Ablage eines Ordners (z.B. BA) auf dem Desktop. Dieser Ordner ist nach dem Start des Computers vom Desktop aus mit einem Doppelklick zu öffnen. Im Ordner befinden sich die Dokumente, die dann ebenfalls mit Doppelklick zu öffnen sind.

Speichern Sie zunächst das neue Dokument unter einem für Sie unverwechselbaren Dateinamen. Wählen Sie dazu *Datei/Speichern unter...* und geben Sie diesen Namen in das Feld neben *Dateiname:* ein.

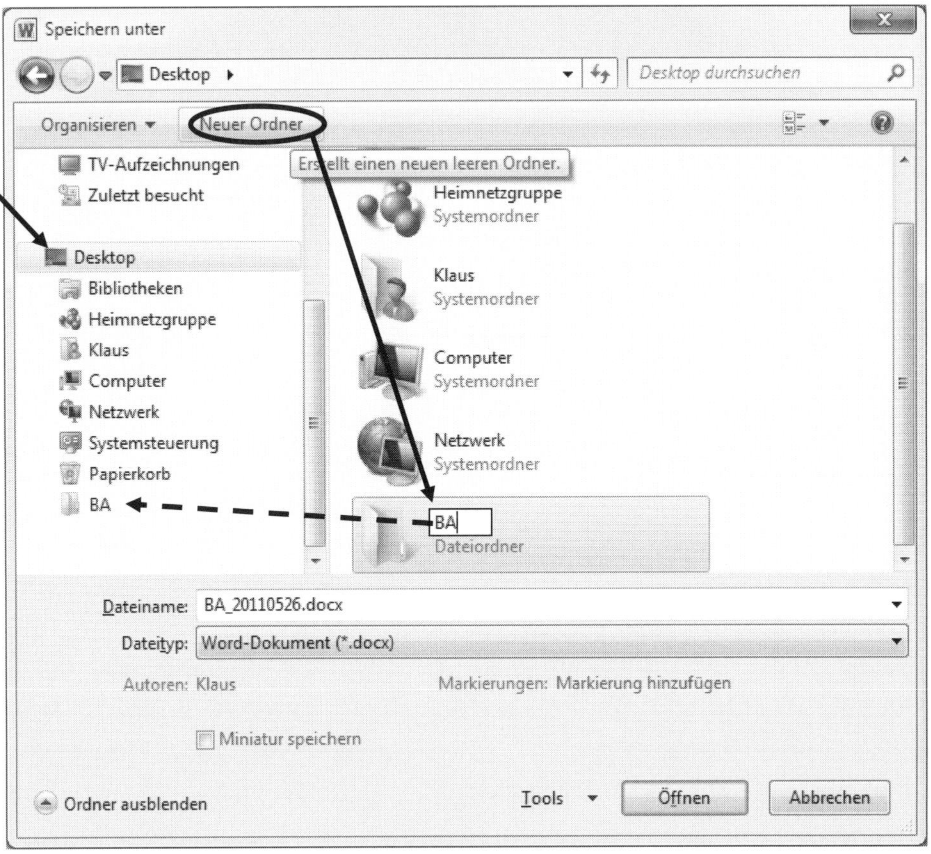

Abb. 54: Eine Datei speichern

Tipp: An Ihrer Bachelorarbeit werden Sie Wochen arbeiten. Speichern Sie jede Version Ihrer Bachelorarbeit unter einem eigenen Dateinamen ab. Empfehlenswert ist es, im Dateinamen das aktuelle Datum anzuhängen (z.B.: BA-20110526). Sie erhalten im Laufe der Zeit so viele Dateien, wie Sie Tage an Ihrer Bachelorarbeit gearbeitet haben. Da Speicherplatz in der heutigen Zeit kein Problem darstellt, werden Sie die Speicherkapazität von Festplatten oder USB-Sticks mit dieser Vorgehensweise sicherlich nicht erschöpfen. Sie speichern somit all Ihre Entstehungsversionen ab. Das kann dann von Vorteil sein, wenn Sie im Zuge des Entstehens Ihrer Bachelorarbeit Textteile geschrieben, nach ein paar Tagen umgearbeitet oder gar gelöscht haben und zu einem noch späteren Zeitpunkt auf den Ursprungstext gerne wieder zurückgreifen möchten. Mit der vorgeschlagenen Methode können Sie diesen Text finden, weil er in einer früheren Version Ihrer Bachelorarbeit steht.

Obwohl das Programm werksmäßig so konfiguriert ist, dass in regelmäßigen Abständen (standardmäßig alle 10 Minuten) eine Schnellspeicherung durchgeführt wird, ersetzt dies nicht das reguläre Speichern. Gerade bei umfassenden Bearbeitungen sollten Sie deswegen alle paar Minuten manuell speichern, damit wichtige Daten bei einem allfälligen Systemabsturz nicht verloren gehen. Speichern können Sie über *Datei/Speichern*, über das *Diskettensymbol* in der Symbolleiste (siehe Pfeil in Abb. 55) oder mit der Tastaturkombination *Strg+S*. Empfehlenswert ist ein mehrmaliges Speichern Ihrer Bachelorarbeit auf unterschiedlichen Datenträgern. Nichts ist ärgerlicher als eine fertige Bachelorarbeit durch den Defekt eines Speichermediums zu verlieren. Speichern Sie Ihre Bachelorarbeit am besten auf der Festplatte des Computers ab, auf dem Sie die Arbeit schreiben. Eine Sicherungskopie sollte täglich auf einem USB-Stick gespeichert werden. Zusätzlich ist anzuraten, auf einem weiteren Computer (z.B. in der Universität oder Fachhochschule) mindestens einmal wöchentlich eine Sicherungskopie abzulegen (verwenden Sie einen USB-Stick oder senden Sie die Bachelorarbeit per E-Mail an Ihren User Account in der Universität oder Fachhochschule).

Ein Worddokument (Dokumentvorlage) mit allen voreingestellten Überschriften, Verzeichnissen, Formatvorlagen etc., in das Sie Ihre Bachelorarbeit schreiben können, steht auf http://www.ktv-krems.at/samac/ zum Download zur Verfügung.

4.2.2 Das Menüband anpassen

Zum Ein- und Ausblenden und zum Anpassen des Menübandes und der Symbolleiste für den Schnellzugriff klicken Sie mit der rechten Maustaste auf eine beliebige Stelle im Menüband und dann im Kontextmenü auf den entsprechenden Befehl. Zum Hinzufügen von Schaltflächen wählen Sie die Option *Menüband anpassen...* (siehe strichlierter Pfeil in Abb. 55). Zuerst müssen Sie eine neue Gruppe erstellen (siehe Pfeil in Abb. 56), der die Symbole zugeordnet werden. Wahlweise kann auch eine neue Registerkarte erstellt werden. Welche Symbole in der neuen Gruppe oder auch Registerkarte angezeigt werden, wird mit der entsprechenden Auswahl (Mausklick auf den Pfeil) im oberen linken Fenster gesteuert (siehe strichlierter Pfeil in Abb. 56). Das ausgewählte Symbol bringen Sie mit einem Mausklick auf *Hinzufügen>>* in die markierte Gruppe bzw. Registerkarte (siehe punktierter Pfeil in Abb. 56).

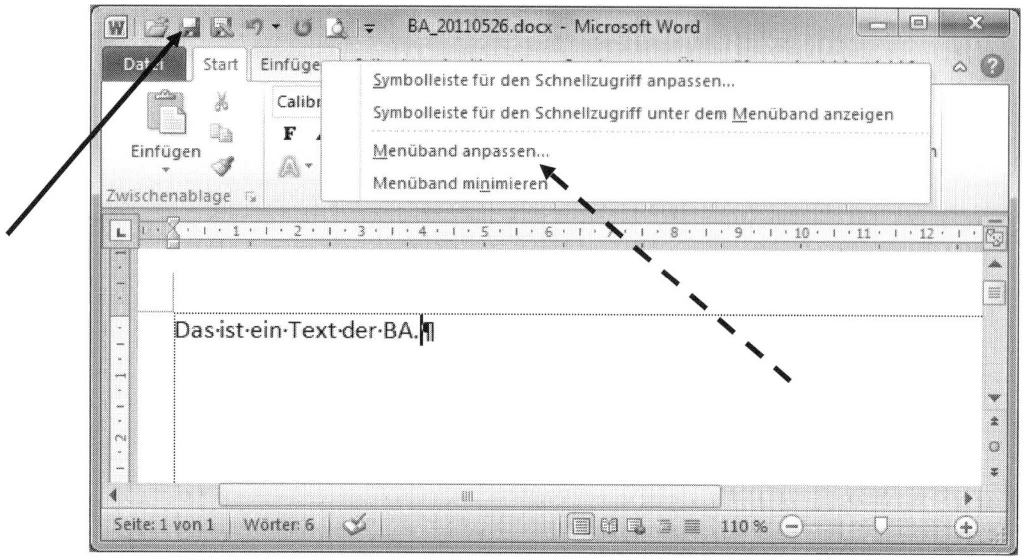

Abb. 55: Symbolleiste für den Schnellzugriff

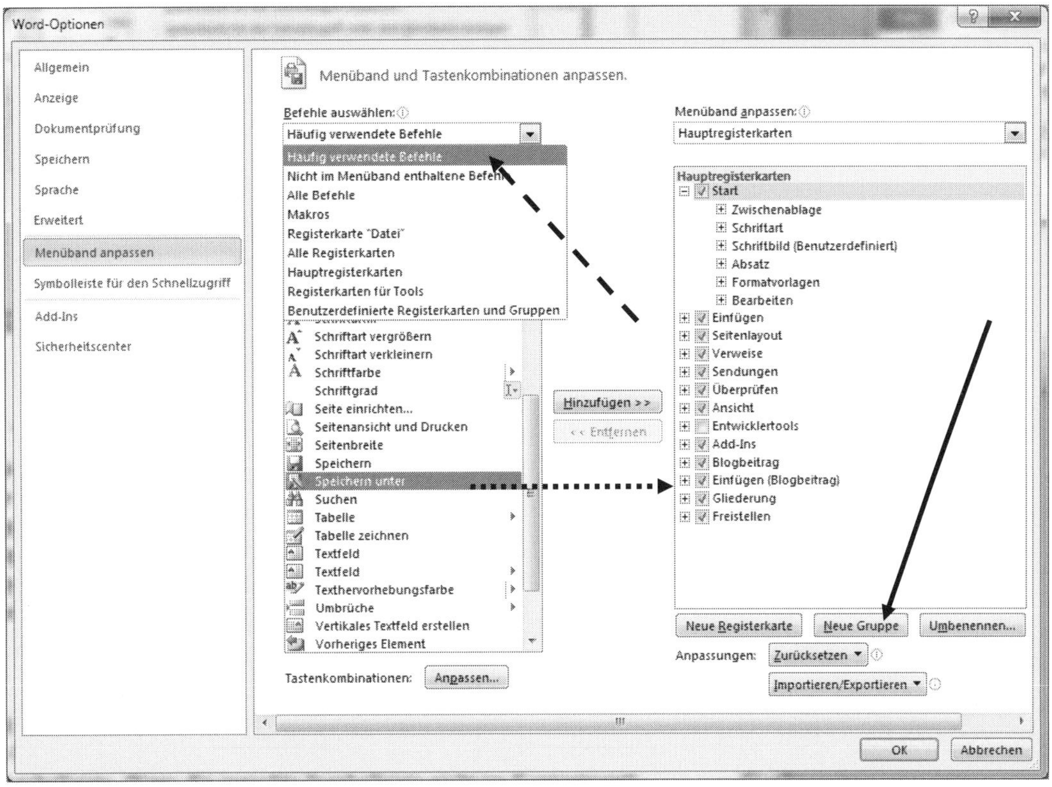

Abb. 56: Menüband anpassen

4.2.3 Das Seitenlayout anpassen

Für die Einstellung des Seitenlayouts klicken Sie im Menüband auf die Registerkarte *Seitenlayout* (siehe Pfeil in Abb. 57) und wählen unter *Seitenränder* die Option *Benutzerdefinierte Seitenränder…* (siehe strichlierter Pfeil in Abb. 57). Dadurch erscheint die Dialogbox *Seite einrichten* auf dem Bildschirm. Die Werte sollten entsprechend der Abb. 58 durch wiederholtes Klicken der Pfeile eingestellt werden: *Seitenränder Oben, Unten, Links, Rechts* jeweils 2,5 cm; *Bundsteg* 0,5 cm. Nach einem Klick auf *OK* werden diese Einstellungen automatisch übernommen.

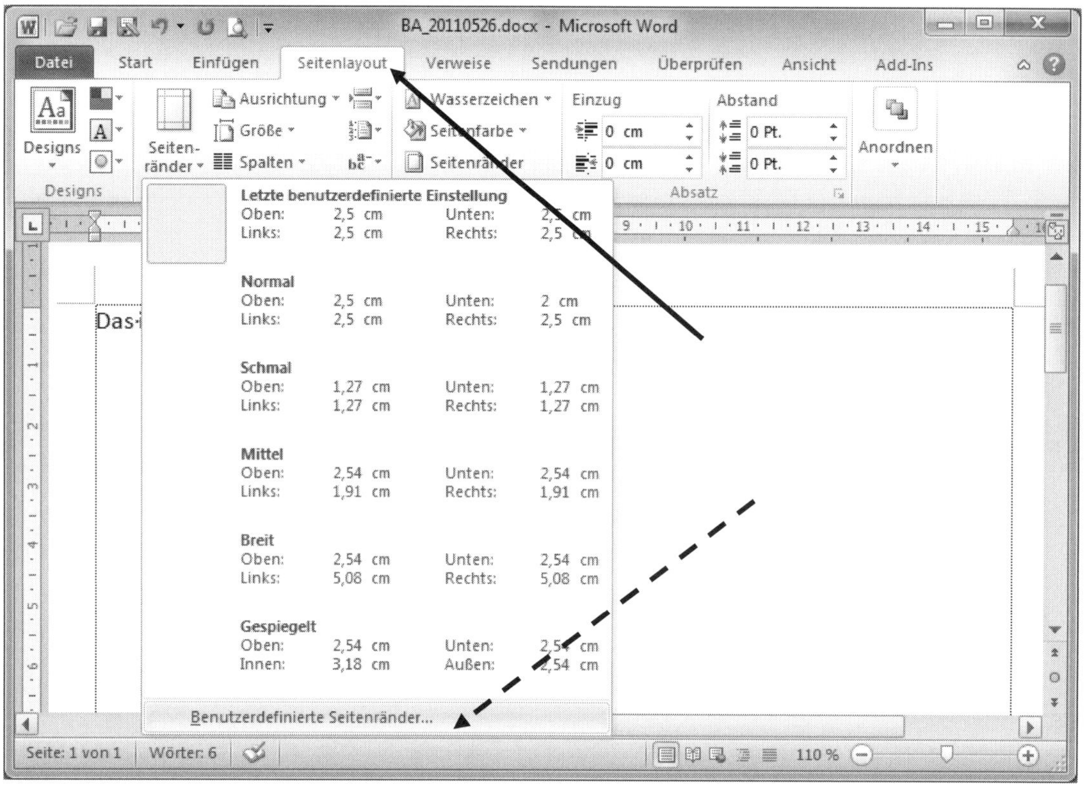

Abb. 57: Seitenlayout festlegen

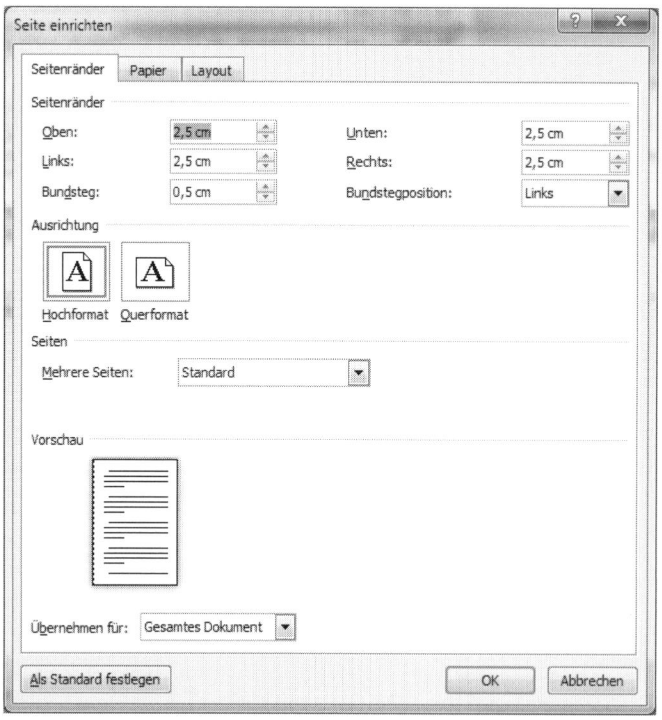

Abb. 58: Seite einrichten

4.2.4 Formatvorlagen anpassen

Auf der Registerkarte *Start* können Sie durch Aufrufen der Box für die Formatvorlagen (siehe Pfeil in Abb. 59) die Formatierung der einzelnen Textelemente anpassen. Zum Ändern der Formatierungen der Schriftart *Standard* müssen Sie in der Box für die Formatvorlagen auf den kleinen schwarzen, nach unten weisenden Pfeil neben *Standard* klicken und anschließend Ändern… wählen (siehe strichlierter Pfeil in Abb. 59). Die gängigsten Formatierungen sind in der nun erscheinenden Dialogbox (siehe Abb. 60) direkt einstellbar. Für weitere Einstellungen klicken Sie auf *Format* und anschließend auf die entsprechende Option (siehe Pfeil in Abb. 60).

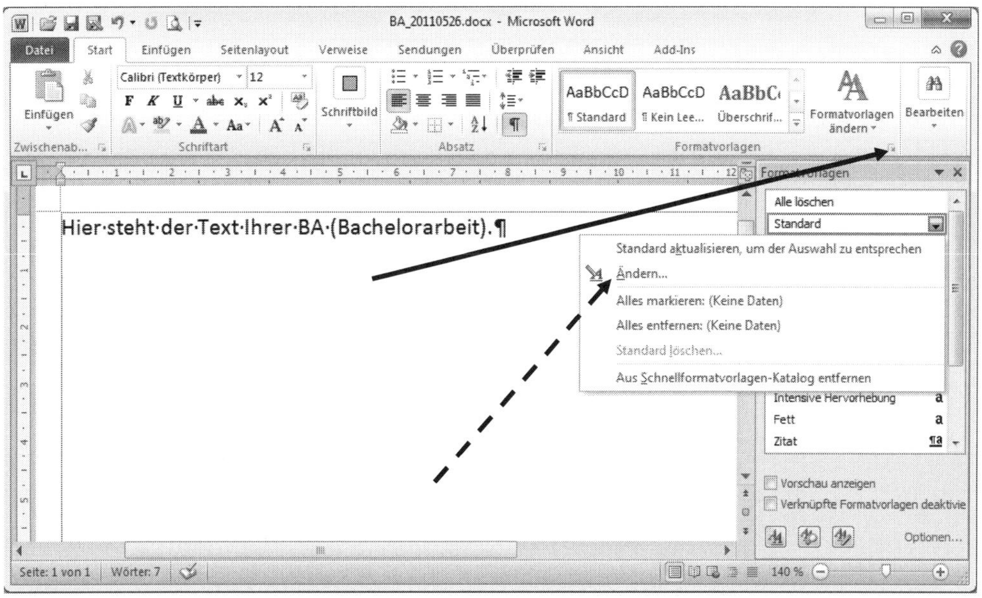

Abb. 59: Formatvorlagen anpassen

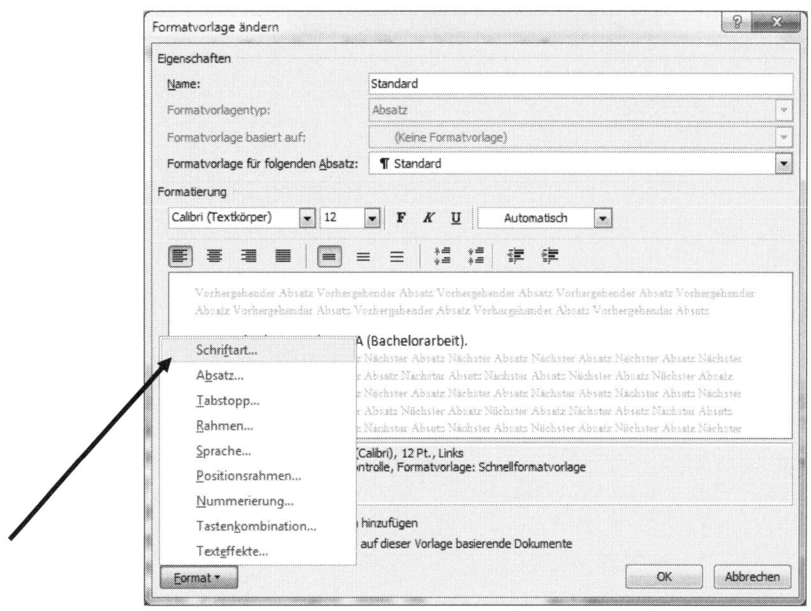

Abb. 60 Formatvorlage ändern

Für die Formatvorlage *Standard* wählen Sie die *Schriftart* Times New Roman, den *Schriftschnitt* Normal und die *Schriftgröße* 12. Bestätigen Sie mit *OK* (siehe Abb. 61).

Abb. 61: Schrifteinstellungen für Formatvorlage *Standard*

Nun wählen Sie *Absatz...* (siehe Abb. 60), wo Sie über die Registerkarte *Einzüge und Abstände* folgende Einstellungen vornehmen: *Ausrichtung*: links; *Einzüge*: 0; *Abstände* 0; *Zeilenabstand*: Einfach (siehe Abb. 62 links). Auf der Registerkarte *Zeilen- und Seitenumbruch* setzen Sie ein Häkchen in *Absatzkontrolle* (siehe Abb. 62 rechts). Somit steht niemals die letzte Zeile eines Absatzes auf einer neuen Seite oder die erste Zeile eines neuen Absatzes auf einer vorherigen Seite.

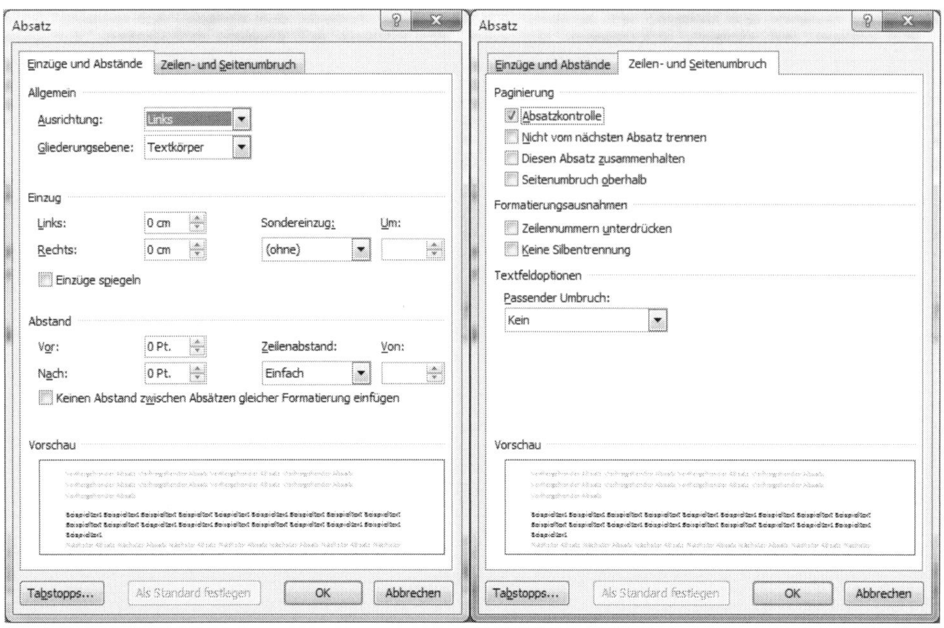

Abb. 62: Absatzeinstellungen für Formatvorlage *Standard*

Wenn Sie nun in ein Dokument einen Text tippen, wird diesem Text automatisch die Formatvorlage *Standard* mit all den vorgenommenen Einstellungen zugewiesen (siehe Pfeile in Abb. 63).

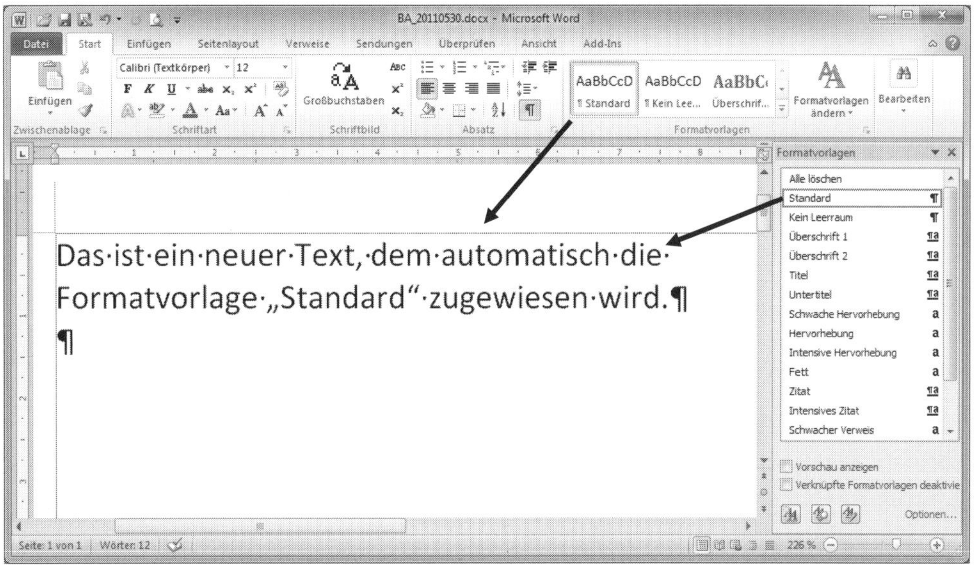

Abb. 63: Text mit Formatvorlage *Standard*

4.2.5 Neue Formatvorlagen generieren

Für Texte in Ihrer Bachelorarbeit empfehlen wir jedoch, nicht auf die Formatvorlage *Standard* zurückzugreifen, sondern eigene Textvorlagen zu generieren. Dazu nehmen Sie in Ihrem leeren Dokument über das Menüband auf der Registerkarte *Start* nachfolgende Einstellungen vor. Über die Dialogbox *Schriftart* stellen Sie ein: *Schriftart* Times New Roman, *Schriftschnitt* Normal; *Größe* 12. Über die Dialogbox *Absatz* stellen Sie ein: *Ausrichtung*: Blocksatz; *Abstand nach*: 6 pt; *Zeilenabstand*: 1,5 Zeilen (oder: Mehrfach; *Von*: 1,3).

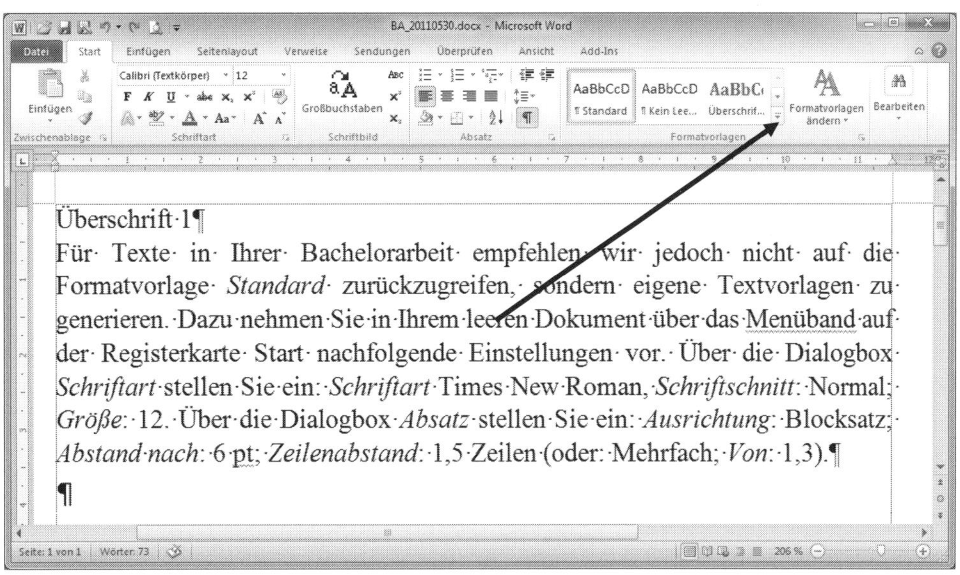

Abb. 64: Neue Formatvorlage generieren

Geben Sie der Formatvorlage den Namen *Textkörper*, indem Sie mit der linken Maustaste im Menüband auf der Registerkarte *Start* im Feld *Formatvorlagenkatalog* auf den kleinen Pfeil klicken (siehe Pfeil in Abb. 64), dann auf *Formatvorlagen übernehmen…* klicken (siehe Pfeil in Abb. 65) und den blau unterlegten Text in der erscheinenden Eingabebox durch Eintippen des Wortes *Textkörper neu* (siehe strichlierter Pfeil in Abb. 65) mit anschließendem Drücken der Taste *Neu* ersetzen. Nun haben Sie eine neue Formatvorlage *Textköper neu* generiert, die Sie Ihrem „normalen" Text in der Bachelorarbeit zuweisen können.

Abb. 65: Neue Formatvorlage *Textkörper neu* zuweisen

Für die Schriftformatierung der Formatvorlage Überschrift 1 verfahren Sie wie folgt. Tippen Sie den Text einer Überschrift in Ihr Dokument, markieren Sie diesen und nehmen Sie alle von Ihnen gewünschten Einstellungen vor. In der Dialogbox *Schriftart*: *Schriftart*: Arial; *Schriftschnitt*: Fett; *Größe*: 14; *Großbuchstaben* (Häkchen). Dialogbox *Absatz*: *Ausrichtung*: Links; *Gliederungsebene*: Ebene 1; *Sondereinzug*: Hängend; *Um*: 0,5 cm; *Abstand nach*: 6 pt; *Zeilenabstand*: 1,5 Zeilen (siehe Abb. 66 links). Auf der Registerkarte *Zeilen- und Seitenumbruch* setzen Sie das Häkchen bei *Absatzkontrolle*, *Nicht vom nächsten Absatz trennen*, *Diesen Absatz zusammenhalten*, *Seitenumbruch oberhalb* (siehe Abb. 66 rechts).

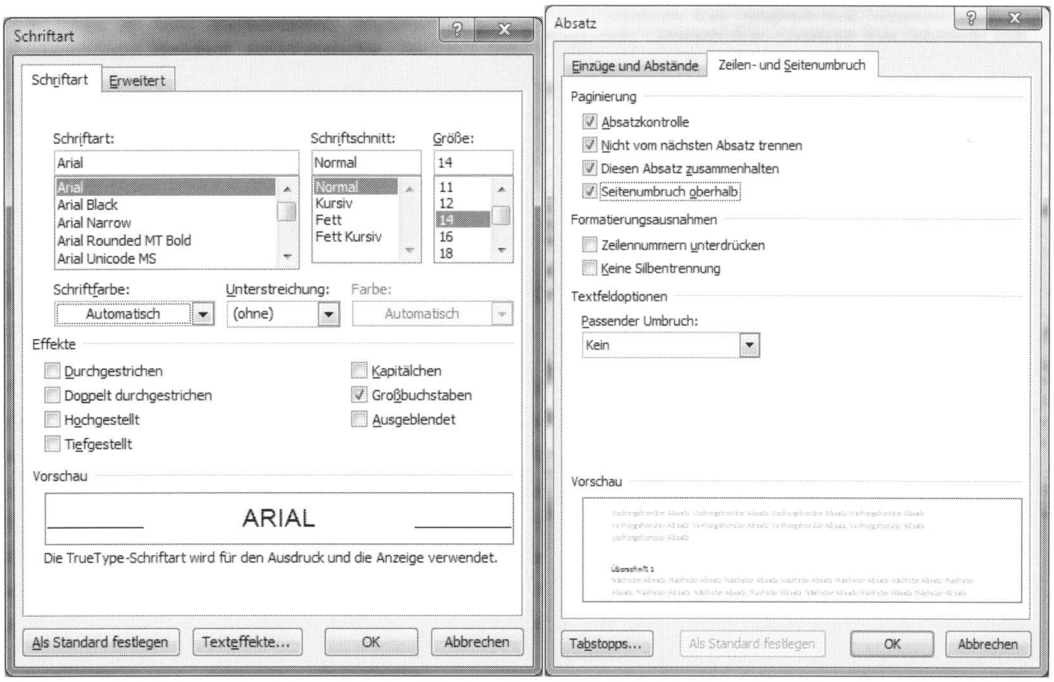

Abb. 66: Einstellungen für Formatvorlage Überschrift 1

Bei den Überschriften der weiteren Ebenen (Überschrift 2; Überschrift 3) verfahren Sie in gleicher Weise. Achten Sie darauf, dass bei der Option *Seitenumbruch oberhalb* kein Häkchen gesetzt ist.

Nun müssen Sie noch die automatische Nummerierung (Gliederung) einstellen. Dazu klicken Sie im Menüband auf der Registerkarte *Start* im Feld *Absatz* auf den kleinen nach unten weisenden Pfeil im Icon *Liste mit mehreren Ebenen* (siehe Pfeil in Abb. 67) und wählen eine entsprechende Vorlage (siehe strichlierter Pfeil in Abb. 67).

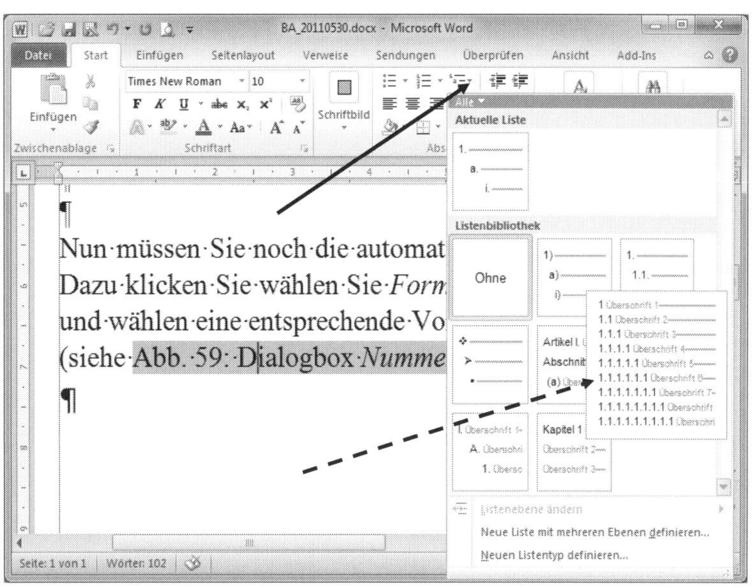

Abb. 67: Dialogbox *Liste mit mehreren Ebenen*

Möglich ist hier auch eine Änderung der Listenebene, die Definition einer neuen Liste mit mehreren Ebenen oder auch die Definition eines neuen Listentyps mit anderen Einstellungen. Durch Klicken auf *Neue Liste mit mehreren Ebenen definieren…* können Sie eine von den Voreinstellungen abweichende Gliederung generieren. Wählen Sie dazu nacheinander die einzustellende Ebene an (siehe Abb. 68 links oben in der Dialogbox), überprüfen und korrigieren Sie wenn nötig jeweils die Formatierung unter *Formatierung für Zahl eingeben*. Die Schaltfläche *Erweitern/Reduzieren* eröffnet weitere Einstellungsmöglichkeiten (siehe Pfeil in Abb. 68). Schließen Sie die Dialogbox mit *OK* und kehren Sie zu Ihrer Arbeitsfläche zurück. Formatvorlagen können auch später noch angepasst oder neu erstellt werden. Spätestens jetzt sollten Sie die bisherigen Anpassungen speichern.

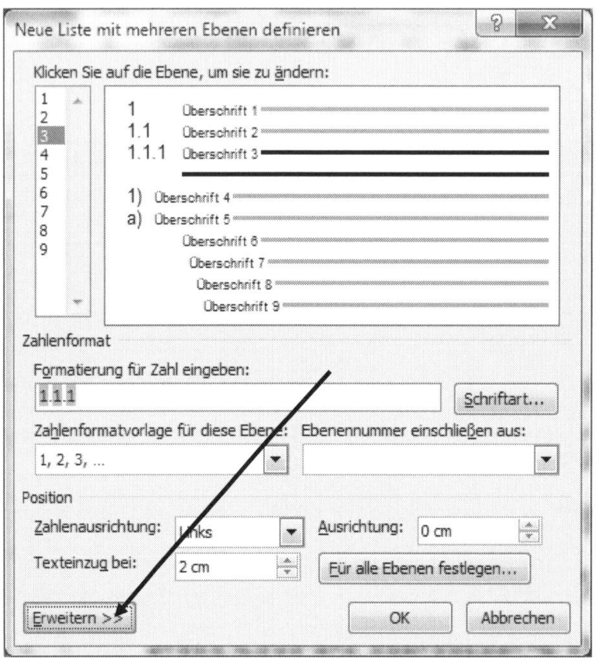

Abb. 68: Gliederung anpassen

4.2.6 Sicherungskopien erstellen

Schließen Sie Ihr Dokument und beantworten Sie die Frage nach einer Speicherung der Änderungen mit *Ja*. Dies ist notwendig, damit Sie eine Sicherungskopie auf USB-Stick anlegen können. Mindestens eine Sicherungskopie Ihrer wichtigen Dateien auf einem externen Datenträger sollten Sie anlegen, weil die auf dem Computer abgelegten Dokumente durch einen Systemabsturz oder die Beschädigung der Festplatte verloren gehen können. In diesem Zusammenhang müssen auch die Beeinträchtigungen durch Computerviren erwähnt werden, vor allem wenn Sie häufig mit fremden Datenträgern arbeiten, Programme aus dem Internet herunterladen oder E-Mails empfangen. Da auch ein USB-Stick beschädigt sein kann, empfehlen wir Ihnen für Ihre Bachelorarbeit auf jeden Fall eine zweite Sicherungskopie zu erstellen (Übertragung mit USB-Stick auf einen anderen

Computer, zu dem Sie Zugang haben, oder beispielsweise per E-Mail an Ihren User Account in der Universität oder Fachhochschule). Stecken Sie Ihren USB-Stick an, auf dem die Datei gesichert werden soll. Wir demonstrieren Ihnen anhand einer auf dem Desktop abgelegten Datei einen einfachen Weg. Markieren Sie die Datei und klicken Sie auf die *rechte Maustaste*, während Sie auf die Datei zeigen. Im folgenden *Kontextmenü* zeigen Sie auf *Senden an*, folgen dem Pfeil auf das nächste Auswahlmenü und klicken dort auf Ihren USB-Stick (siehe Pfeil in Abb. 69). Ihre Datei wird automatisch als Kopie ins Hauptverzeichnis des angesteckten USB-Sticks geschickt.

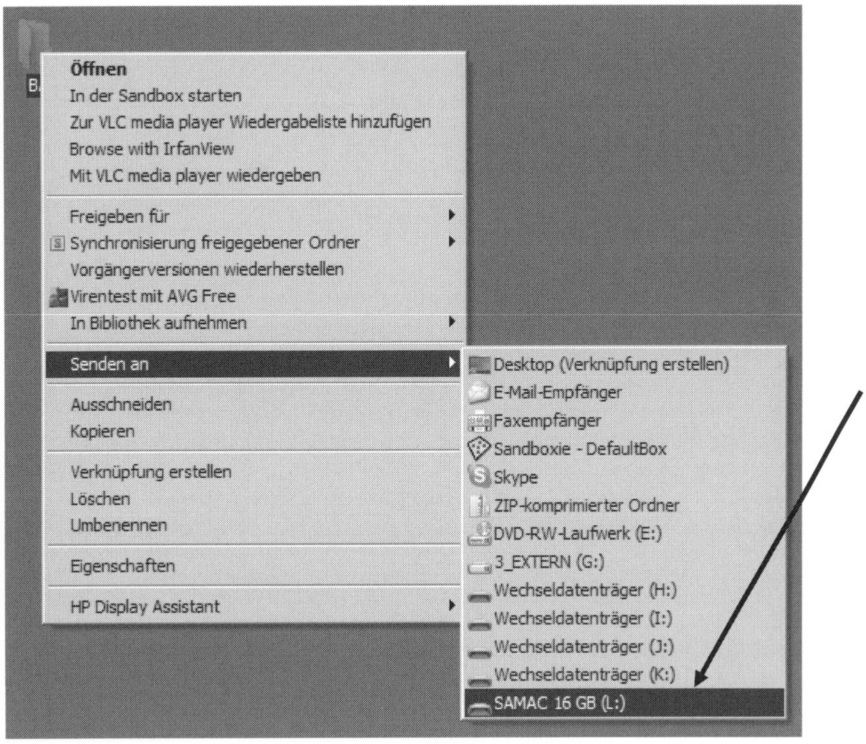

Abb. 69: Sicherungskopie an USB-Stick schicken

Sie können diesen Befehl an jedem Ort ausführen, von dem aus Sie Dateien öffnen können. Direkt in Word klicken Sie dazu auf *Datei/Speichern unter…*, markieren die Datei und wählen über die *rechte Maustaste/Senden an* Ihren USB-Stick. Wenn sich auf dem USB-Stick bereits eine Sicherheitskopie mit diesem Namen befindet, werden Sie über ein Dialogfeld gefragt, ob Sie diese Datei ersetzen wollen. Nachdem Sie geprüft haben, ob die angegebene Datei wirklich ersetzt werden soll, klicken Sie auf *JA*. Dadurch wird die aktuelle Version Ihres Dokuments auf dem USB-Stick gespeichert.

4.3 Die Entstehung der Bachelorarbeit

Um ein ökonomisches Arbeiten sicherzustellen, ist es wichtig, dass Sie Anwendungsfehler vermeiden, wenn Sie Ihre Bachelorarbeit in den Computer eingeben. Geben Sie einen Zeilenumbruch (genauer: neuer Absatz durch Drücken der Enter-Taste) nur dann ein, wenn

Sie tatsächlich einen neuen Absatz beginnen wollen, weil sich sonst bei späteren Änderungen ungewollte Verschiebungen in der Dokumentstruktur ergeben, die Sie dann mühevoll ausbessern müssen.

Auch um Anpassungen wie das Einfügen von Seitenumbrüchen (<Strg> und Enter-Taste) müssen Sie sich vorerst nicht kümmern. Da Sie Ihr Dokument wahrscheinlich laufend verändern werden, sollten Sie solche Bearbeitungen erst durchführen, wenn Ihre Arbeit inhaltlich komplett fertig gestellt ist.

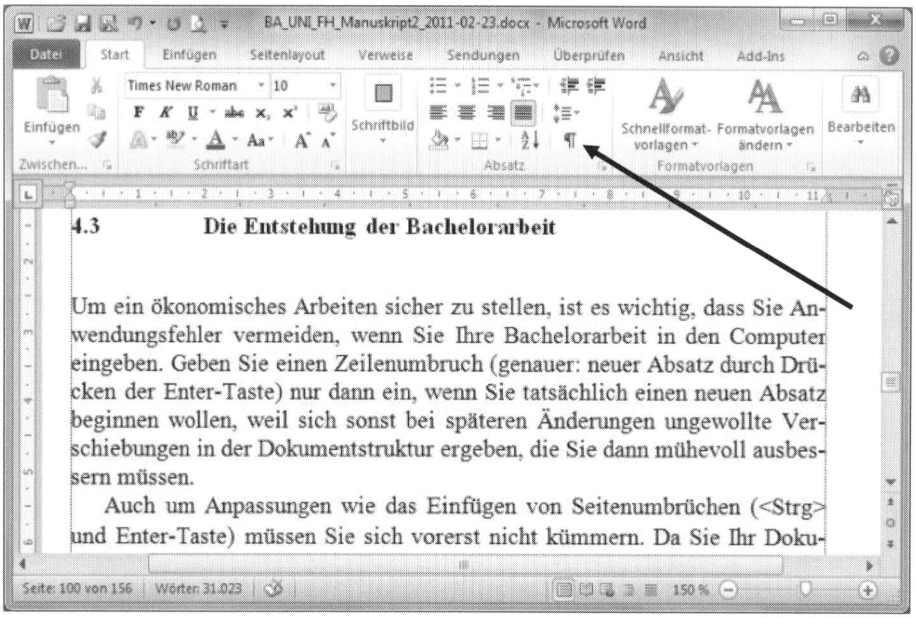

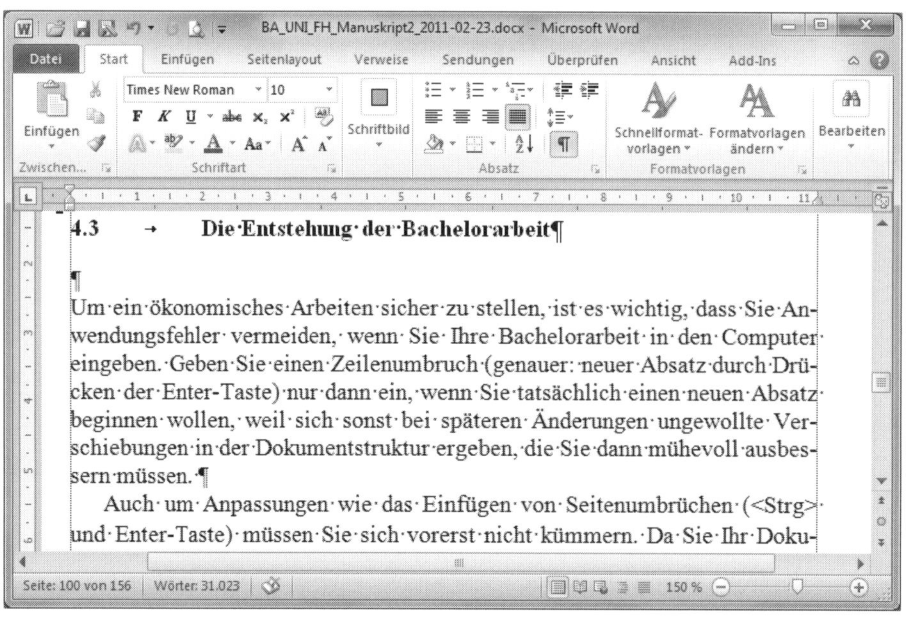

Abb. 70: Anzeigenlassen aller Zeichen

Tipp: Lassen Sie sich in Ihrem Worddokument alle Zeichen anzeigen. Dies erreichen Sie durch Klicken auf die entsprechende Schaltfläche **¶** in der Symbolleiste *Start* (siehe Pfeil in Abb. 70). So sind Zeichen für Absatzmarken, Zeilenumbrüche, Leerzeichen, Tabulatoren etc. sichtbar. Das hat den Vorteil, dass Sie beim Löschen von Textteilen nicht unbeabsichtigt solche Zeichen mitlöschen. In Absatzmarken sind beispielsweise sämtliche Formatierungen für den gesamten Absatz gespeichert. Beim Löschen solch einer Absatzmarke werden die Formatierungseinstellungen automatisch auf den nachfolgenden Absatz übertragen, was zu unerwünschten Absatzformatierungen führen kann.

4.3.1 Formatvorlagen verwenden

Schreiben Sie zunächst den Text samt den Überschriften. Erst wenn Sie die Texteingabe für die jeweilige Arbeitsphase beendet haben, bearbeiten Sie die Textpassagen durch Zuweisung der entsprechenden Formatvorlage. Markieren Sie dazu die einzelnen Absätze mit dem Mauszeiger und klicken Sie in der Symbolleiste *Start* auf den Pfeil für den Formatvorlagenkatalog (siehe Pfeil in Abb. 71).

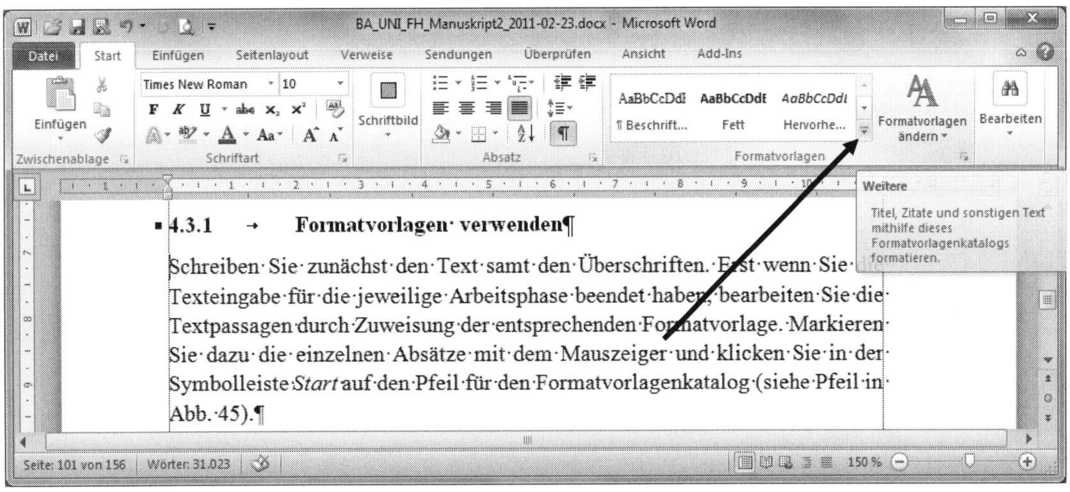

Abb. 71: Formatvorlagenkatalog anzeigen lassen

In der angezeigten Liste wählen Sie nun die entsprechende Formatierung für den markierten Absatz (siehe Abb. 72). Wiederholen Sie diese Schritte für jeden Absatz, den sie formatieren wollen.

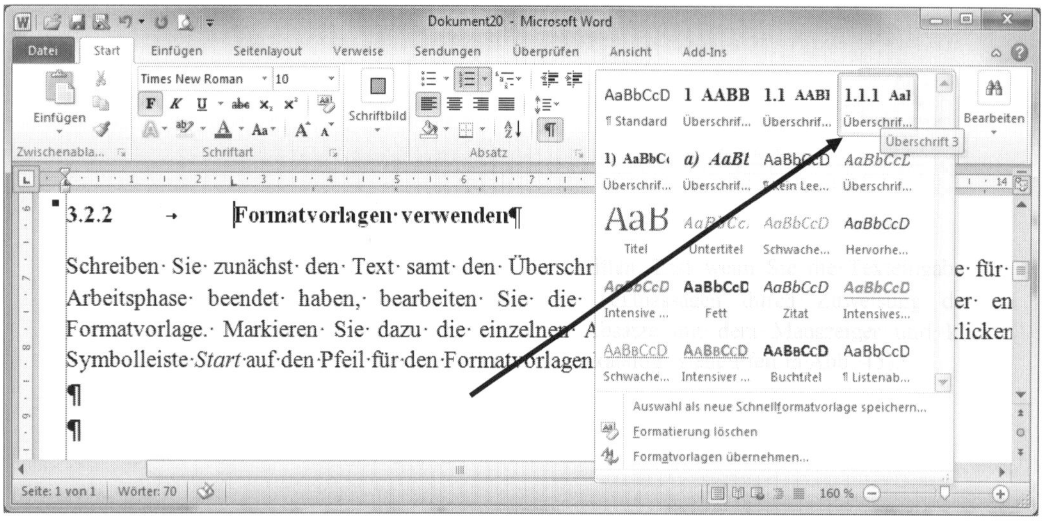

Abb. 72: Zuweisung der Formatvorlage Überschrift *3*

4.3.2 Zusätzliche Gestaltungselemente einfügen

Über die Registerkarte *Einfügen* im Menüband werden Ihnen eine Reihe von Gestaltungselementen für Ihre Arbeit angeboten. Im Folgenden wird beispielhaft das Einfügen von Sonderzeichen und Seitenzahlen beschrieben. Das Wissen darüber, wie Seitenwechsel, Tabellen und Tabstopps eingefügt werden, müssen wir im Sinne einer Straffung dieses Kapitels voraussetzen. Welche weiteren Möglichkeiten Ihnen zur Verfügung stehen, können Sie sich durch Aufrufen der jeweiligen Dialogboxen oder über Benutzung der Direkthilfe anzeigen lassen.

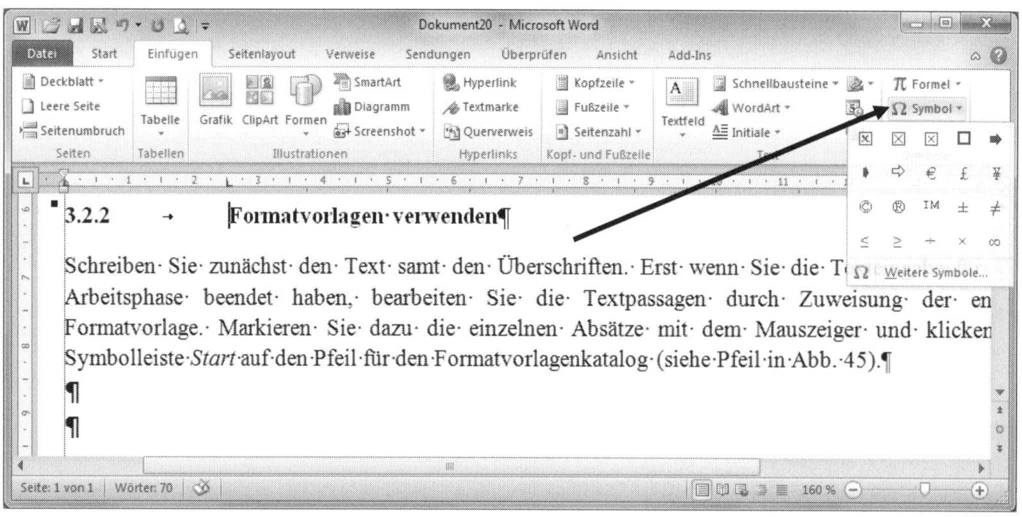

Abb. 73: Aufrufen der Dialogbox *Symbol*

Über die Dialogbox *Symbol* (siehe Pfeil in Abb. 73) erhalten Sie eine Auswahl von nützlichen Zeichen. Durch Markieren (siehe Abb. 74) und den Befehl *Einfügen* wird das gewählte Sonderzeichen dort in das Dokument eingefügt, wo sich gerade die Absatzmarke befindet.

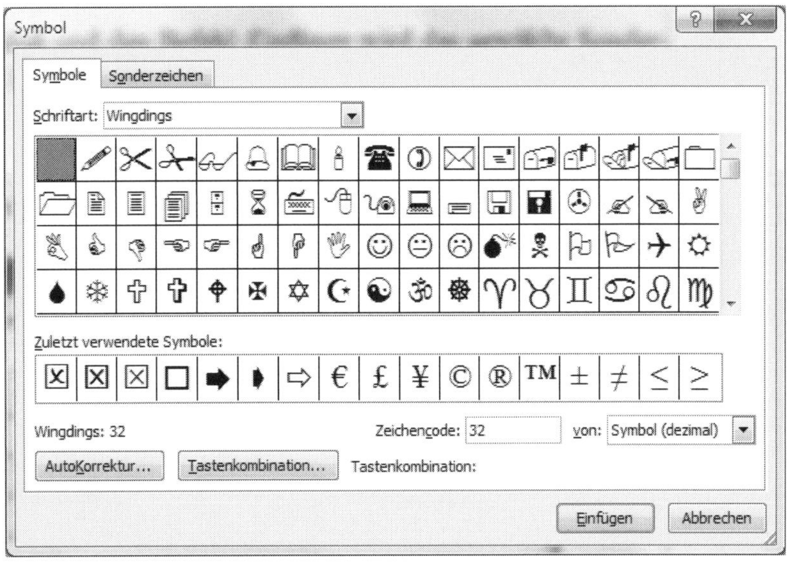

Abb. 74: Dialogbox *Symbol*

Fußnoten können Sie über die Registerkarte *Verweise* im Menüband einfügen. Klicken Sie im Feld *Fußnoten* auf den kleinen Pfeil rechts unten (siehe Pfeil in Abb. 75). Sie haben einige Einstellungsmöglichkeiten zur Auswahl, beispielsweise die Auswahl zwischen einer automatischen Nummerierung und der Anzeige mittels eines Symbols (z.B. eines Sterns), das Sie über *Symbol...*, Markierung des gewählten Symbols und *OK* festlegen (siehe Abb. 76).

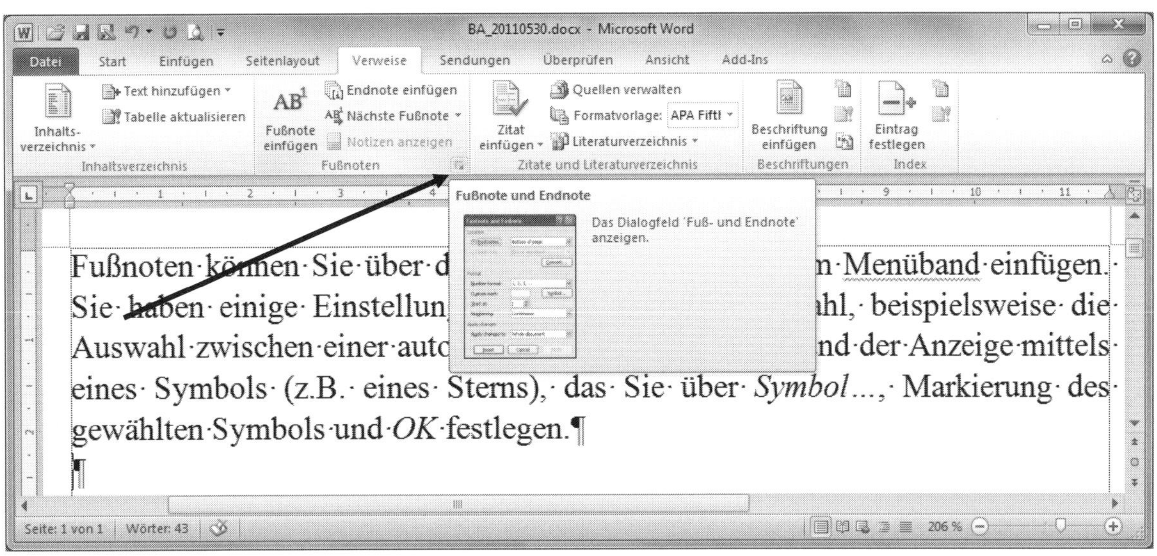

Abb. 75: Fuß- und Endnotenkatalog im Menüband

Abb. 76: Fuß- und Endnote

Die Seitenpaginierung in der Kopfzeile fügen Sie über die Registerkarte *Einfügen* im Menüband ein (siehe Pfeil in Abb. 77). Wählen Sie *Seitenanfang*, wenn Sie die Seitenzahl in der Kopfzeile haben wollen (siehe strichlierter Pfeil in Abb. 77). Im weiteren Auswahlmenü legen Sie das Erscheinungsbild fest (siehe punktierter Pfeil in Abb. 77).

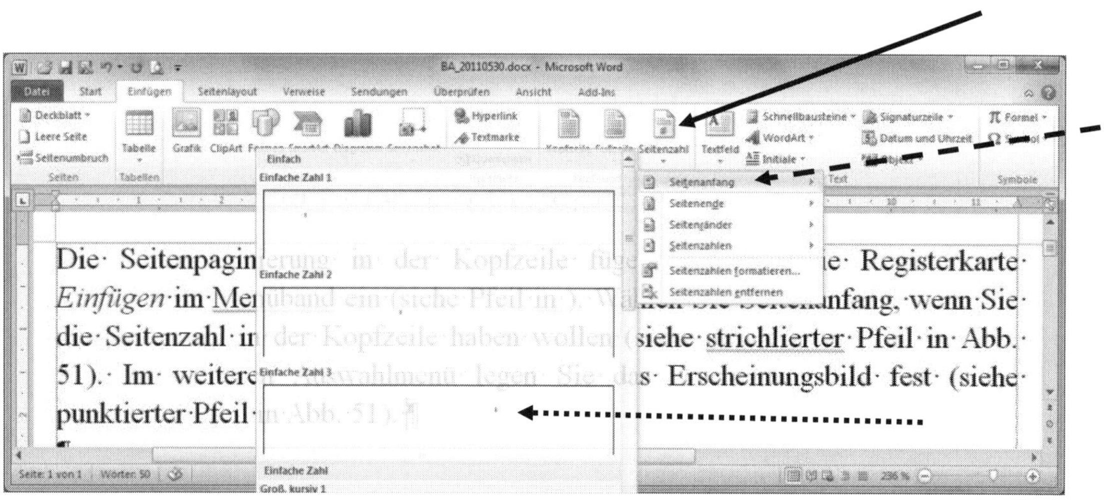

Abb. 77: Seitenpaginierung in Kopfzeile einfügen

Für das Einfügen von Tabellen, Grafiken, Objekten und ähnlichen Gestaltungselementen lesen Sie gegebenenfalls die entsprechenden Einträge in der Word-Hilfe. Das automatische Erstellen eines Inhaltsverzeichnisses wird im Abschnitt 4.4.2 Inhaltsverzeichnis automatisch erstellen ab Seite 109 erklärt.

4.3.3 Die Arbeit am Schluss überprüfen

Wenn Sie Ihre Arbeit soweit fertiggestellt haben, dass Sie inhaltlich keine Veränderungen mehr vornehmen müssen, sollten Sie einen Ausdruck des Dokuments anfertigen, um die Rechtschreibung, den Stil und das Layout überprüfen zu können (siehe Tab. 26). Gehen Sie dabei schrittweise vor und nehmen Sie sich ausreichend Zeit dafür.

(01)	Eine Überprüfung der Rechtschreibung durch das integrierte Rechtschreibprogramm kann die persönliche Korrektur nicht ersetzen.
(02)	Überprüfen Sie den Text auf die Notwendigkeit, vor allem lange Wörter am Zeilenende abzutrennen, weil sich durch die Schreibweise im Blockformat oft ein unruhiges Schriftbild ergibt. Hier ist es ratsam, sich nicht auf die automatische Silbentrennung zu verlassen, sondern jede einzelne Abteilung manuell auszuführen.
(03)	Kontrollieren Sie, ob die Formatierungen vor allem bezüglich der unterschiedlichen Gliederungsebenen richtig zugewiesen sind und auch einheitlich angezeigt werden.
(04)	Unbeabsichtigte Trennungen von Textblöcken können Sie über Format/Absatz/Textfluss vermeiden. Hier gilt insbesondere, dass am Anfang und Ende einer Seite keine einzelne Zeile stehen soll.
(05)	Überprüfen Sie, ob alle Querverweise noch mit den entsprechenden Textpassagen übereinstimmen. Hier könnten sich durch Überarbeitungen Fehler eingeschlichen haben. Wenn Sie bereits ein Inhaltsverzeichnis erstellt haben, kontrollieren Sie auch dort, ob die einzelnen Seitenzahlen mit den Dokumentseiten übereinstimmen.

Tab. 26: Tipps zur Überprüfung des Dokuments

Gerade bei diesem Arbeitsschritt zeigen sich die Tücken der elektronischen Textverarbeitung besonders deutlich. Scheuen Sie sich nicht um Hilfe zu bitten, wenn Sie Fehler alleine nicht beheben können. Oft müssen sogar erfahrene Programmanwender ihr ganzes Wissen dafür aufwenden oder Tricks einsetzen.

4.4 Die effiziente Nutzung von Word

Dieser Abschnitt richtet sich vor allem an jene Verfasserinnen und Verfasser von Bachelorarbeiten, die mit den grundsätzlichen Funktionen und bisher beschriebenen Formatierungen in Word gut zurechtkommen. Wesentlich ist, dass Sie Ihre Bachelorarbeit unter Einsatz von Formatvorlagen geschrieben haben müssen, um die folgenden Arbeitserleichterungen nutzen zu können.

4.4.1 Die Gliederungsansicht benutzen

In der Gliederungsansicht können Sie nicht nur gezielt einzelne Gliederungsebenen ausblenden, um einen besseren Überblick über Ihre Arbeit zu bekommen. Dort ist auch das

Verschieben oder das Ändern der zugeordneten Ebenen einzelner Textblöcke besonders einfach. Die Reihenfolge Ihrer einzelnen Kapitel ist per Drag and Drop schnell und unkompliziert zu ändern.

Wenn Sie im Menüband auf der Registerkarte *Ansicht* auf *Gliederung* klicken, ändert sich die Anzeige Ihres Dokuments und die Registerkarte *Gliederung* wird eingeblendet (siehe Abb. 78). Wahlweise können Sie die Gliederungsansicht gleich direkt ansteuern, wenn Sie im Word-Rahmen rechts unten auf das entsprechende Symbol klicken (siehe rechter punktierter Pfeil in Abb. 78). Wie Ihr Dokument jetzt angezeigt wird, ist abhängig von der Einstellung, die Sie aber sehr schnell über die Schaltflächen der neu dazugekommenen Symbolleiste ändern können. Die Funktion einzelner Schaltflächen erfahren Sie wie bereits beschrieben über die Direkthilfe. Wir empfehlen, die Gliederung erst einmal nur bis zur Ebene 3 anzeigen zu lassen (strichlierter Pfeil in Abb. 78).

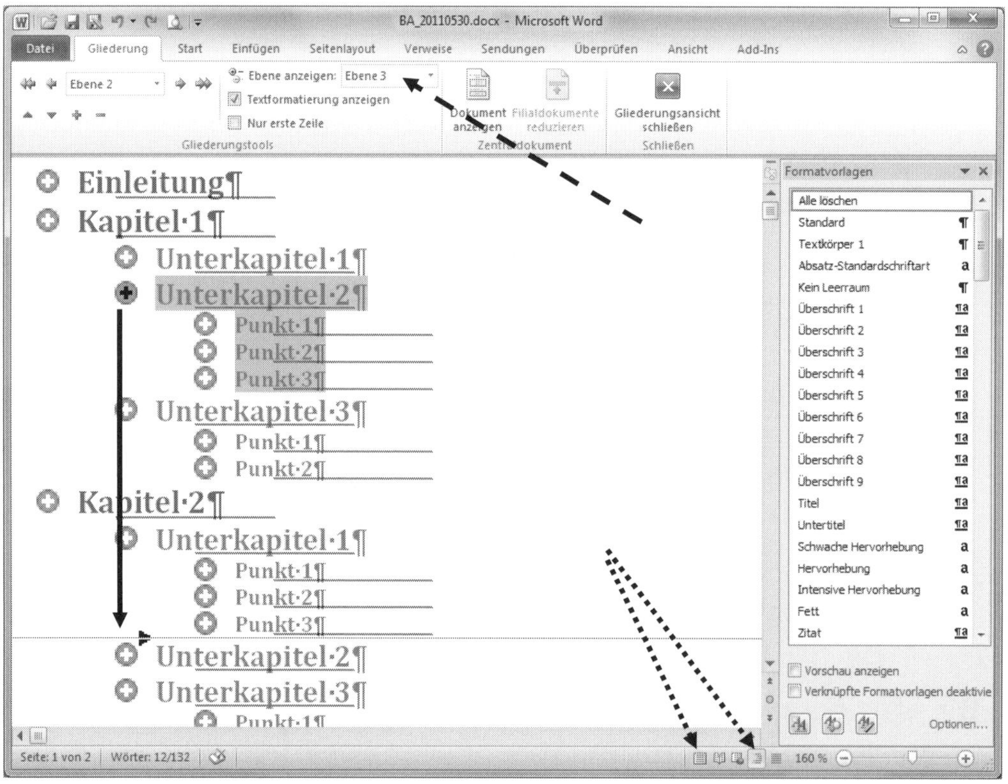

Abb. 78: Gliederungsansicht

Überschriften mit den dazugehörenden Textblöcken verschieben Sie, indem Sie ein oder mehrere Textelemente markieren (durch Klicken auf das vor einer Überschrift stehende Pluszeichen; ein Minuszeichen sehen Sie, wenn noch kein Text unter einer Überschrift getippt wurde) und anschließend bei gedrückter Maustaste vertikal oder horizontal auf den richtigen Platz ziehen (siehe Pfeil in Abb. 78). Bevor Sie diese Art der Textbearbeitung ausprobieren, sollten Sie Ihre Arbeit gespeichert und gesichert haben. Dann können Sie notfalls das Dokument schließen ohne es zu speichern, falls beim Verschieben und Ändern

Ihr Dokument durcheinander geraten ist. Zur gewohnten Seitenlayout-Ansicht kommen Sie durch Klicken auf das entsprechende Symbol rechts unten (siehe linker punktierter Pfeil in Abb. 78).

4.4.2 Inhaltsverzeichnis automatisch erstellen

Durch die Anwendung von Formatvorlagen, im Besonderen bei Überschriften und Beschriftungen für Abbildungen und Tabellen, ist der Computer in der Lage, automatisch Verzeichnisse zu erstellen. Über die Registerkarte *Verweise* kommen Sie zur Dialogbox *Inhaltsverzeichnis*, die Ihnen die Auswahl eines gewünschten Inhaltsverzeichnisses ermöglicht (siehe Pfeil in Abb. 79).

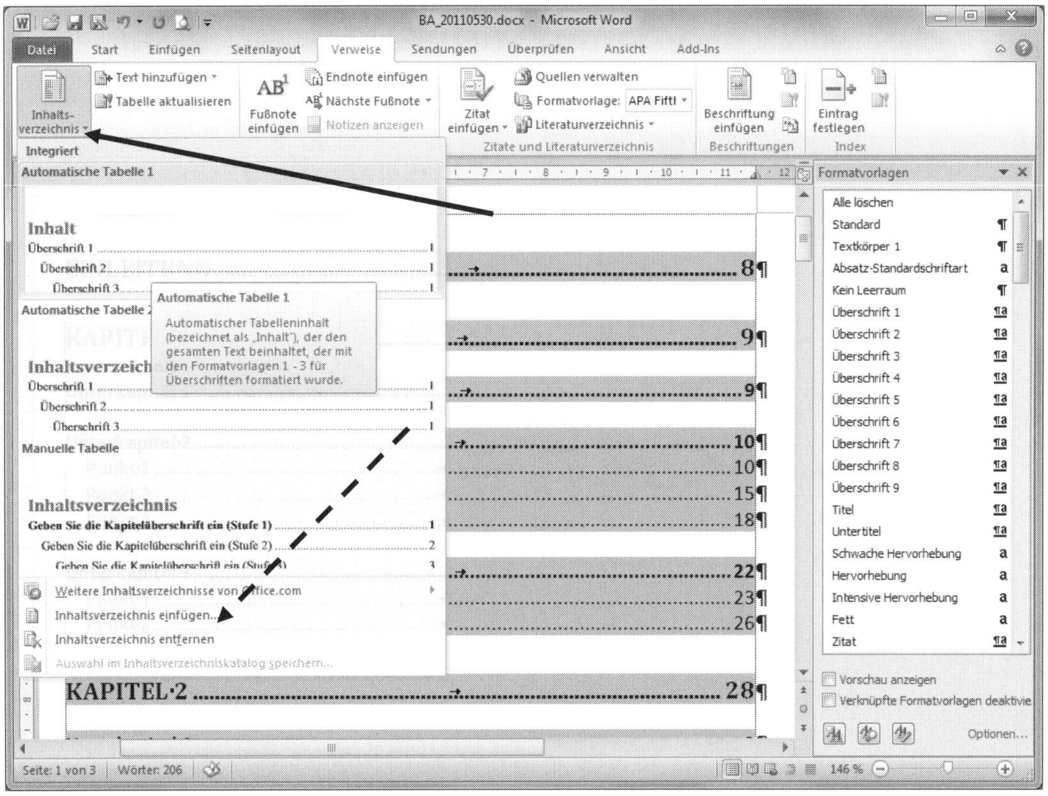

Abb. 79: Automatisches Inhaltsverzeichnis

Bei Bedarf ist es möglich, eine eigene Formatierung des Inhaltsverzeichnisses vorzunehmen. Dazu wählen Sie die Option *Inhaltsverzeichnis einfügen…* (siehe strichlierter Pfeil in Abb. 79). In der erscheinenden Dialogbox nehmen Sie die entsprechenden Einstellungen vor (siehe Abb. 80).

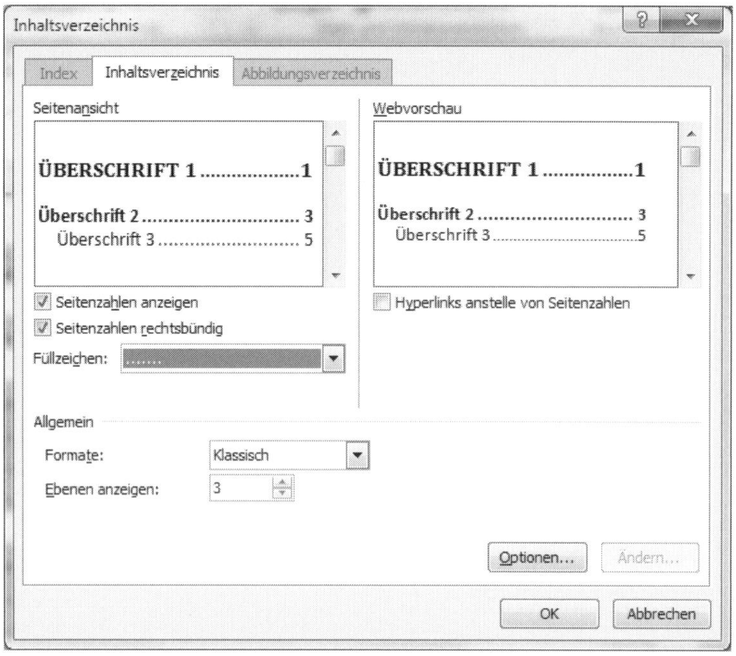

Abb. 80: Einstellungen zum Inhaltsverzeichnis

Bei Ihrer Bachelorarbeit sollten Sie die Option *Formate: Klassisch* wählen (siehe Abb. 80). Im automatisch generierten Inhaltsverzeichnis müssen Sie nun lediglich die Überschrift 2 auf *nicht fett* ändern. Die Vorgehensweise dafür kennen Sie (Formatvorlage anpassen).

4.4.3 Darstellungsbeschriftungen und -verzeichnisse

Für das Beschriften von Darstellungen (Abbildungen, Tabellen, Formeln etc.) wählen Sie im Menüband auf der Registerkarte *Verweise* die Dialogbox *Beschriftung einfügen* (siehe Pfeil in Abb. 81).

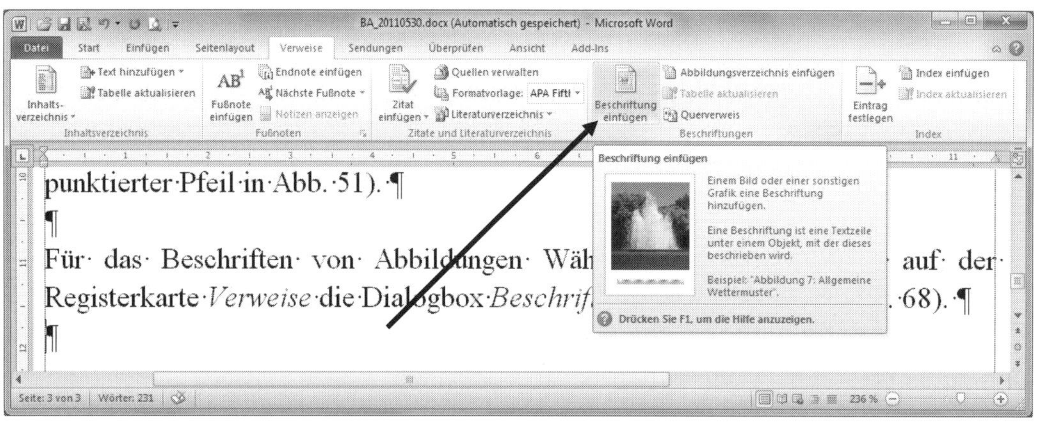

Abb. 81: Beschriftung von Darstellungen

Je nachdem, was Sie beschriften wollen, wählen Sie mit Hilfe des nach unten weisenden kleinen schwarzen Pfeiles im Feld *Bezeichnung* die gewünschte Bezeichnungsart (Abbildung, Tabelle, Formel etc.). Sie können auch eine neue Bezeichnung generieren (z.B. *Abb.* oder *Tab.*) oder das Format der Nummerierung ändern (siehe Pfeile in Abb. 82). Für die Beschriftung von Tabellen, Formeln etc. gehen Sie analog vor.

Abb. 82: Dialogbox *Beschriftung*

Wollen Sie nun ein Abbildungs- oder auch Tabellenverzeichnis generieren, setzen Sie die Absatzmarke an die Stelle, wo dieses eingefügt werden soll, und klicken im Menüband auf der Registerkarte *Verweise* auf die Schaltfläche *Abbildungsverzeichnis einfügen* (siehe Pfeil in Abb. 83).

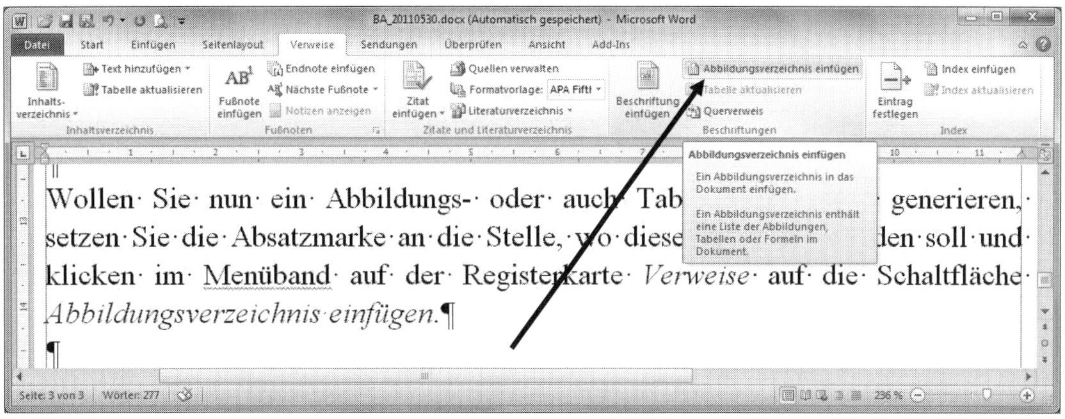

Abb. 83: Automatisches Abbildungsverzeichnis einfügen

Je nachdem, ob Sie nun ein Abbildungs-, Tabellen- oder ein anderes Verzeichnis erstellen wollen, wählen Sie in der Dialogbox unter *Beschriftungskategorie* die entsprechende Möglichkeit (siehe Pfeil in Abb. 84).

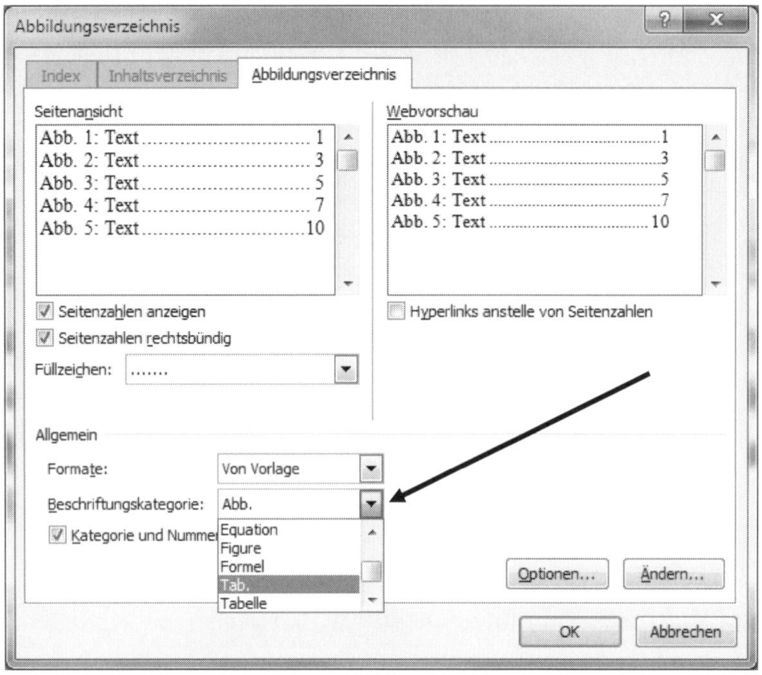

Abb. 84: Auswahl des entsprechenden Verzeichnisses

4.4.4 Querverweise

Wollen Sie in Ihrer Bachelorarbeit auf einen Teil Ihrer Arbeit verweisen, der entweder weiter vorne oder weiter hinten steht, können Sie einen Querverweis einfügen.

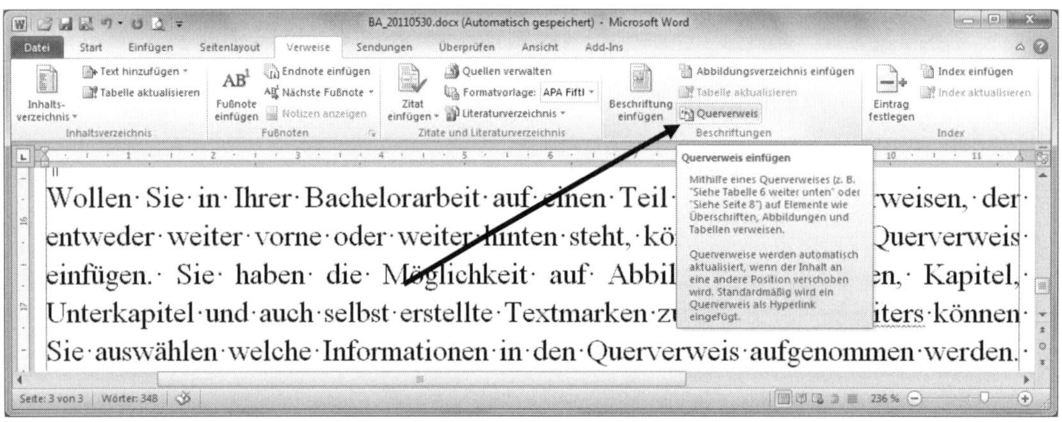

Abb. 85: Querverweis einfügen

Sie haben die Möglichkeit auf Abbildungen, Tabellen, Kapitel, Unterkapitel und auch selbst erstellte Textmarken zu verweisen. Außerdem können Sie auswählen, welche Informationen in den Querverweis aufgenommen werden: beispielsweise ausschließlich die Kategorie oder die Kategorie mit der Nummern- und Seitenangabe. Wählen Sie dazu auf der Registerkarte *Verweise* die Schaltfläche *Querverweis* (siehe Pfeil in Abb. 85). In weiterer Folge wählen Sie in der Dialogbox *Querverweis* den entsprechenden *Verweistyp* (siehe Pfeil links in Abb. 86) und die gewünschten Informationen im Querverweis (siehe Pfeil rechts in Abb. 86).

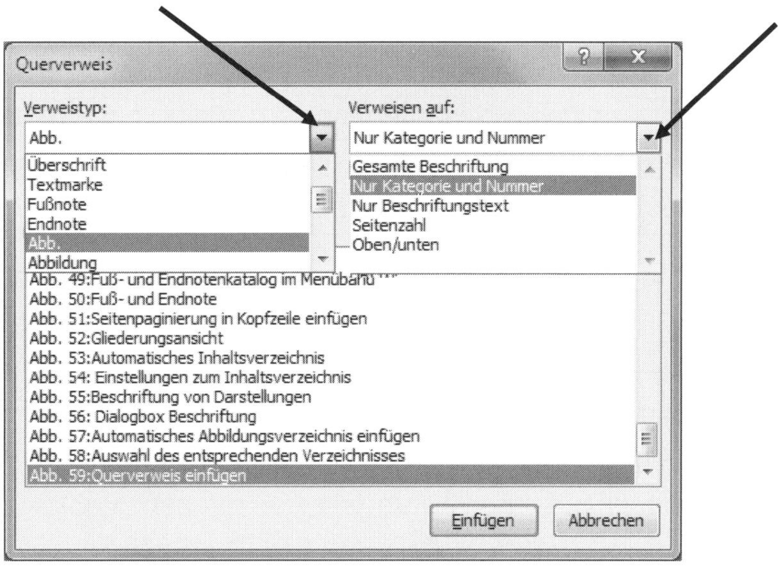

Abb. 86: Verweistyp

4.4.5 Weitere Programmfunktionen nutzen

Microsoft® Word bietet eine Reihe komplexer Programmfunktionen an, welche den Schreib- und Gestaltungsprozess erheblich erleichtern können. Hier sei nur auf einige verwiesen: (1) Sie können Kopfzeilen erstellen, die zusätzlich zur Seitenangabe die jeweilige Kapitelüberschrift enthalten. Dazu ist es notwendig, jedes Kapitel mit einem Abschnittswechsel zu beenden. (2) Das Literaturverzeichnis wird über *Tabelle/Sortieren…* automatisch sortiert. (3) Formatvorlagen lassen sich während des Schreibens jederzeit ändern. Alle bereits geschriebenen Texte des Dokuments werden automatisch an die geänderte Formatvorlage angepasst. (4) Sie können über *Tabelle/Umwandeln* aus Tabellen einen fortlaufenden Text und umgekehrt formatieren. (5) Umfangreiche Dokumente (z.B. durch viele Abbildungen etc.) können in Filial- und Zentraldokumente aufgeteilt werden. (6) Ab der Version 2010 sind auch automatisierte Zitationen und Literaturverzeichnisse möglich.

Eine detaillierte Beschreibung der Programmfunktionen und der einzelnen Arbeitsschritte ist hier nicht möglich. Falls Sie den Einsatz einer solchen Funktion in Ihrer Bachelorarbeit für sinnvoll halten, werden Sie ausreichende Quellen und Unterstützung dafür finden. Am besten beginnen Sie mit der integrierten Word-Hilfe.

Empfehlenswert ist auf alle Fälle die Verwendung einer Literaturverwaltungssoftware (z.B. Zotero) wie unter Punkt 2.6 Arbeiten mit Literaturverwaltungssoftware ab Seite 50 beschrieben.

5 ZU DEN QUELLEN UND ZUR ZITATION

Quellen aus erster Hand sind solche Argumentationen, Behauptungen, Belege und Beweise, die sich auf eine Autorin bzw. einen Autor zurückführen lassen, die diese bzw. dieser nicht zitiert hat und sich daher in ihrem bzw. seinem persönlichen Eigentum befinden (auch Primärquelle bzw. Originalausgabe genannt).[47] Quellen aus zweiter Hand greifen immer auf die Originalausgabe zurück. Quellen aus dritter Hand stammen hingegen von Autoren, die ihrerseits auf Quellen zweiter Hand zurückgreifen.

Es gilt die Regel: (1) Wann immer es möglich ist, sollte auf die Primärquelle zurückgegriffen werden. (2) Wenn der Zugriff nicht (mehr) möglich ist (u.U. muss damit auch gerechnet werden), kann die Sekundärquelle herangezogen werden. (3) Auf Tertiärquellen sollte, wenn möglich, verzichtet werden, da sie meist eine sehr unsichere Angelegenheit sind und aus Zitaten stammen, die ihrerseits wieder aus Zitaten stammen. (4) Zudem gilt die sogenannte „Aufwärtsregel": Zur Beweisführung der eigenen Aussage wird immer auf höherwertige Arbeiten zurückgegriffen. Hat ein Autor eine Diplomarbeit und eine Dissertation verfasst, wäre aus der Dissertation zu zitieren. Für Ihre Bachelorarbeit heißt das konkret: Übernehmen Sie keine Zitate aus anderen Bachelorarbeiten. Sie sollten ausschließlich auf Werke (Fachliteratur) zurückgreifen, die über Ihrer Bachelorarbeit liegen. Unternehmen Sie auch nicht den Versuch, eine Primärquelle zu zitieren, von der bekannt ist, dass Sie auf diese nicht mehr ohne weiteres Zugriff haben können.

5.1 Quellen in gedruckter Form

Wissenschaftliche Quellen können auch nach der Art ihrer Veröffentlichung in gedruckter Form unterschieden werden. Demzufolge wären der Primärliteratur Monografien, Lehrbücher, Aufsätze in Fachjournalen und in Sammelbänden, Habilitationen und Dissertationen zuzurechnen. Die Primärliteratur ist in aller Regel in einem Verlag publiziert worden und in Bibliotheken einsehbar. Zur Sekundärliteratur zählen Lexika und Enzyklopädien, Zeitschriftenartikel und Kommentare zu Originalen. Der Bereich der Grauen Literatur – darunter versteht man Quellen, die inhaltlich nicht einwandfrei nachvollziehbar sind – umfasst Skripten, unveröffentlichte Manuskripte, Broschüren, Flugblätter, Plakate, Funk und Fernsehen etc. Die meisten Informationen aus dem Internet sind ebenfalls der Grauen Literatur zuzuordnen. Ausnahmen werden unter 5.2 Quellen im Internet, Seite 116, angeführt.

In logischer Konsequenz können daher Zitate aus der Grauen Literatur nur als Ergänzung oder zur Illustration verwendet werden, niemals jedoch zur Beweisführung wissenschaftlicher Argumentation. Wann ist nun eine verwendete Literatur wissenschaftlich,

47 Vgl. Eco 2003, S. 70–74

richtig oder inhaltlich relevant? Entscheidend ist dabei nicht unbedingt der Bekanntheitsgrad der Autorin bzw. des Autors oder der des Herausgebers eines Werkes. Wir empfehlen Ihnen, bei Unsicherheit diese Fragen mit Ihren betreuenden Lehrpersonen abzuklären. Es gibt jedoch einige Anhaltspunkte, die auf Wissenschaftlichkeit hinweisen (siehe Tab. 27[48]).

Anhaltspunkte für wissenschaftliche Arbeiten	**Anhaltspunkte für inhaltlich relevante Arbeiten**
Korrekte Zitation Ausführliche Quellenangaben Wissenschaftlichkeit in der Argumentation Korrekt durchgeführte Empirie	Anerkannter Verlag Angabe anerkannter Quellen Artikel in Sammelbänden namhafter Herausgeber Journalbeiträge (Geleitworte anerkannter Wissenschaftler)

Tab. 27: Anhaltspunkte für wissenschaftliche Arbeiten

Bei der Beurteilung eines Lehr- und Sachbuches (Fachbuch) könnten darüber hinaus auch noch folgende Fragen von Interesse sein (siehe Tab. 28).

(01)	Wer ist der Autor?
(02)	Wird vom Autor in diesem Fachbuch eine bestimmte Richtung vertreten?
(03)	Wen zitiert der Autor?
(04)	Wie alt ist das Buch?
(05)	Repräsentiert dieses Werk überwiegend eine Primärquelle? Baut es auf eigenen Untersuchungen auf?
(06)	Zitiert dieses Werk vorwiegend Primärquellen, vermehrt Sekundärquellen oder wird gar nicht zitiert?
(07)	Wenn dieses Werk vornehmlich Sekundärquellen zitiert,[49] ist es (bzw. der Autor) vertrauenswürdig?
(08)	Handelt es sich um ein Werk mit mehreren Auflagen? Sind die Auflagen erweitert, überarbeitet? Wie alt ist die letzte Auflage?[50]

Tab. 28: Fragen zu einem Fachbuch[49 50]

Schwierig ist oftmals auch die Unterscheidung zwischen wissenschaftlichen und (berufs-) praktischen Texten. Die Differenzierung dieser beiden Textsorten unterscheidet nach Röbken[51] unterschiedliche Spielregeln für das, was in der Scientific Community als wissen-

48 Vgl. Karmasin & Ribing 2007, S. 78

49 Ein Werk repräsentiert aus vielerlei Gründen so gut wie nie ausschließlich eine Primärquelle. Vielmehr sind in einem Werk meist sowohl Primär- als auch Sekundärquellen und letztendlich auch Tertiärquellen nachweisbar.

50 Eine hohe Auflagenzahl spricht dafür, dass es sich um ein viel gelesenes Werk handelt.

51 2006, S. 258 f.

schaftlich gilt, und markiert kein Qualitätsgefälle. Manuskripte, die im (berufs-) praktischen Diskurs anschlussfähig sind, wären es nicht in der primär wissenschaftlichen Debatte und umgekehrt. Folgende Charakteristika zu beiden Textsorten können genannt werden:

Anhaltspunkte für wissenschaftliche Texte	**Anhaltspunkte für (berufs-)praktische Texte**
Der Diskurs ist auf die Scientific Community ausgerichtet.	Der Diskurs ist auf die Berufspraxis ausgerichtet.
Die Sprache ist komplexer.	Die Sprache ist einfacher und verständlicher.
Die Artikel sind länger.	Die Artikel sind kürzer.
Grafiken (Darstellung von Modellen, von empirischen Ergebnissen) werden sparsam eingesetzt.	Es werden reichhaltig illustrierte Grafiken dargestellt.
Die Argumentationslinien sind sachlich formuliert.	Es werden Steigerungsformen und Checklisten verwendet.
Die zitierten Literaturquellen zeichnen sich durch eine hohe Anzahl und Qualität aus.	Der Belegzwang ist gering ausgeprägt.
Der Fokus liegt auf dem Erkenntnisgewinn.	Der Fokus liegt auf Problemstellungen mit hoher Aktualität.
Es geht um Theoriekonstruktionen.	Die Anforderungen an theoretische Konstruktionen sind i.d.R. weniger streng.
Empirische Studien müssen auf weitgehend festgelegten methodischen Standards basieren.	Die methodischen Anforderungen sind i.d.R. weniger rigoros. Es dominieren anekdotische Evidenzen sowie Erfahrungsberichte aus aktuellen Berufsprojekten.
Es geht vorrangig um Erkenntnisgewinn, um Entdeckungs-, Begründungs- und Erklärungszusammenhänge.	Es wird tendenziell mehr Wert auf die Nützlichkeit der Konzepte gelegt. Die Artikel münden häufig in konkrete Lösungsvorschläge für Entscheidungsträger im Berufsfeld, die in Form von Praxistipps oder Handlungsanleitungen präsentiert werden.

Tab. 29: Unterscheidung zwischen wissenschaftlichen und praktischen Texten

5.2 Quellen im Internet

Neben den vielen Vorteilen, die das Internet als Quelle bietet, weist es noch nicht ausreichend Sicherheit auf, wie das bei gedruckten Büchern und Zeitschriften der Fall ist. Sie müssen, wenn Sie Dokumente aus dem Internet zitieren, diese auch in Ihrer Bachelorarbeit kennzeichnen. Versucht man nun, auf die von Ihnen zitierte Seite zuzugreifen, kann es passieren, dass die angegebene Seite nicht mehr auffindbar ist, verändert wurde oder kein Verweis auf eine neue Adresse vorhanden ist. Eine Lösung dieses Problems gibt es noch nicht. Sie müssen vorläufig die Seriosität des Anbieters eines Dokuments im Internet selbst abschätzen.[52] Um dennoch eine intersubjektive Überprüfung Ihrer Argumentation zu gewährleisten, sind daher die Ausdrucke Ihrer zitierten Internetseiten im Anhang der Bachelorarbeit mit einzubinden.

5.3 Zum Literaturverzeichnis

Im Literaturverzeichnis wird lückenlos jene Literatur (Quelle) im Vollbeleg angegeben, die Sie tatsächlich zur Erstellung Ihrer Bachelorarbeit verwendet haben. Jede Quellenangabe im Text muss im Literaturverzeichnis aufgeführt sein. Literatur, die Sie nicht zitiert haben (direkt oder indirekt), hat im Literaturverzeichnis nichts verloren. Das Literaturverzeichnis ist ausschließlich alphabetisch (und dann chronologisch aufsteigend) zu ordnen. Wenn von gleichen Autorinnen und Autoren Literaturen aus demselben Jahr vorliegen, werden der Jahresangabe Kleinbuchstaben angehängt (2007a, 2007b, 2007c).

In der Literatur zum wissenschaftlichen Arbeiten werden die Zitierregeln variantenreich dargestellt und auch kontroversiell diskutiert.[53] Die Autorinnen und Autoren führen aus ihrer Perspektive unterschiedlich gewichtete Gründe für die von ihnen bevorzugte Form an. Egal, für welche Variante Sie sich in Absprache mit Ihren betreuenden Lehrpersonen entscheiden, eine einmal gewählte Form sollte konsequent in der gesamten Bachelorarbeit durchgehalten werden.

Wichtig: Halten Sie sich unbedingt an die an Ihrer Pädagogischen Hochschule gültigen Vorschriften für Literaturverzeichnisse und Zitationen.

In den nachfolgenden Ausführungen[54] lehnen wir uns an den Standard der American Psychological Association (APA) in der neuesten Fassung (APA Publication Manual, 6th Edition 2009) an. Er wird vorwiegend in naturwissenschaftlichen Disziplinen (Scientific Style) angewendet, ist aber in den geisteswissenschaftlichen Disziplinen schon vermehrt zu beobachten. Aus Gründen der Übersichtlichkeit sind nicht alle Fälle und Beispiele, die im APA Publication Manual angeführt werden, hier erläutert, sondern nur die wesentlichen Konventionen angegeben. In Zweifelsfällen sollte daher das APA Publication Manual bzw. die dazugehörige Internetseite (www.apastyle.org) zur Klärung herangezogen werden.

Der APA Style ist so wie der Harvard Style ein Autor-Jahr-System (beim Quellenverweis), unterscheidet sich aber beispielsweise darin, dass im Literaturverzeichnis nur

52 Vgl. Karmasin & Ribing 2007, S. 79
53 Zur Variantendiskussion und zu kritischen Bemerkungen siehe Theisen 1993, S. 179–194; Rossig & Prätsch 2006, S. 124, 131; Brink 2005, S. 208–223; Bänsch 2003, S. 44–51
54 Die meisten der angeführten Beispiele stammen aus den Richtlinien zur Manuskriptgestaltung von Konrad Kleiner, http://zsuschmelz.univie.ac.at/fileadmin/user_upload/spowi/ISW/Abteilungen/Fachdidaktik/Arbeiten/Zitationsrichtlinien.pdf [23.08.2007]

zitierte Quellen angegeben werden, während beim Harvard Style im Literaturverzeichnis auch nicht zitierte Quellen gefordert werden. Weitere Besonderheiten des APA Style sind beispielsweise: (1) Erscheinungsjahr und Auflage werden in Klammern angegeben, (2) vor dem letzten von mehreren Namen wird das Zeichen „&" gesetzt, (3) Titel (Buch, Sammelwerk, Journal) werden kursiv oder unterstrichen formatiert und nur vor Sammelwerken steht „In", (4) Multimedia-Material steht nach dem Jahr in eckiger Klammer „[Video]" und (5) die Auflage wird in Klammern gesetzt, Journal-Ausgabe-Nummer und Multimedia-Version jedoch nicht.[55]

5.3.1 Literaturen in Papierform

1) Literaturangabe von Büchern

(01)	Nachname, Vorname(n) (Erscheinungsjahr): *Titel. Untertitel* (ggf. Auflage). Verlagsort: Verlag

Tab. 30: Literaturangabe von Büchern

Albs, Norbert (2005): *Wie man Mitarbeiter motiviert. Motivation und Motivationsförderung im Führungsalltag*. Berlin: Cornelsen

Gaddes, William (1991): *Lernstörungen und Hirnfunktionen. Eine neuropsychologische Betrachtung*. Berlin: Springer

Kalss, Susanne (2005): *Vorstandshaftung in 15 europäischen Ländern*. Wien: Linde

Kohnstamm, Rita (2006): *Praktische Kinderpsychologie. Die ersten 7 Jahre: Eine Einführung für Eltern, Erzieher und Lehrer* (4., vollständig überarbeitete Aufl.). Bern: Huber

Mikl-Horke, Gertraude (2008): *Sozialwissenschaftliche Perspektiven der Wirtschaft*. München: Oldenbourg

2) Literaturangabe von Beiträgen in Büchern (Sammelbänden)

(01)	Nachname, Vorname(n) (Erscheinungsjahr): Titel. Untertitel. In: Herausgeber (Hrsg.): *Titel des Sammelbandes* (Seitenzahlen). Verlagsort: Verlag

Tab. 31: Literaturangabe von Beiträgen in Büchern (Sammelbänden)

Dreher, Walter (1991): Anthropologische Fragen angesichts schwerster Behinderung. In: Andreas Fröhlich (Hrsg.): *Pädagogik bei schwerster Behinderung* (S. 60–69). Berlin: Ed. Marhold im Wiss.-Verl. Spiess

Nollmann, Gerd (2008): Klassen. In: Nina Baur, Hermann Korte, Martina Löw, Markus Schroer (Hrsg.): *Handbuch Soziologie* (S. 183–201). Wiesbaden: Verlag für Sozialwissenschaften

55 Vgl. Rossig & Prätsch 2006, S. 118 f.

TELLER, Christoph (2006): Phänomene der Distributionsforschung im Spannungsfeld zwischen Akquisition und Logistik. In: Peter SCHNEDLITZ u.a. (Hrsg.): *Innovationen in Marketing und Handel* (S. 189–191). Wien: Linde

WESTMEYER, Hans (2006): Wissenschaftstheoretische und erkenntnistheoretische Grundlagen. In: Franz PETERMANN, Michael EID (Hrsg.): *Handbuch der Psychologischen Diagnostik* (2., akt. Aufl.) (S. 35–46). Göttingen: Hogrefe

WINTER, Rainer (2009): Cultural Studies. In: Georg KNEER, Markus SCHROER (Hrsg.): *Handbuch Soziologische Theorien* (S. 67–86). Wiesbaden: Verlag für Sozialwissenschaften

3) Literaturangaben von Zeitschriften mit Jahrgangs- bzw. Bandpaginierung

(01)	NACHNAME, Vorname (Erscheinungsjahr): Titel. *Name der Zeitschrift, Jahrgang,* Seitenangaben

Tab. 32: Literaturangabe von Zeitschriften mit Jahrgangs- bzw. Bandpaginierung

BÜCHNER, Robert, BÜCHNER, Regine, Lengemann, Reinhard (2010): Schule für körperbehinderte Kinder in der DDR. Geschichte aus der Schulleiterperspektive. *Zeitschrift für Heilpädagogik, 61*, S. 342–350

FRIEDRICH, Gerhard (2010): Mathematik und Bewegung. Zahlen Schritt für Schritt entdecken und erforschen auf dem Zahlenweg. *Praxis der Psychomotorik, 35*, S. 140–144

GNIEWOSZ, Burkhard (2010): Die Konstruktion des akademischen Selbstkonzeptes. *Zeitschrift für Entwicklungspsychologie und Pädagogische Psychologie, 42*, S. 123–132

KARGER, Susanne (2007): Language Profiles and Naming in Children with World Finding Difficulties. *Folia Phoniatrica et Logopaedica, 29,* S. 318–328

KRICK, Florian (2010): Das Bewegungsfeld „Bewegen an Geräten – Turnen" im Spiegel von Lehrplan und Bildungsstandards. *Sportunterricht, 59,* S. 258–263

REUTTERER, Thomas, TELLER, Christoph (2009): Store format choice and shopping trip types. *International Journal of Retail and Distribution Management, 37* (8), S. 695–710

RUMERSKIRCH, Udo (1996): Diplomat in Uniform. ÖMZ, 3, S. 271–276

WOLBRING, Tobias (2010): Weshalb die Separierung von Produktivitätseffekten und Diskriminierung bei der studentischen Lehrveranstaltungsbewertung misslingt. *Kölner Zeitschrift für Soziologie und Sozialpsychologie, 62*, S. 317–326

4) Literaturangaben von Zeitschriften mit heftweiser Paginierung

(01)	NACHNAME, Vorname (Erscheinungsjahr): Titel. *Name der Zeitschrift, Jahrgang* (Heft), Seitenangaben

Tab. 33: Literaturangabe von Zeitschriften mit heftweiser Paginierung

JUST, Peter (2009): Bevölkerungspolitik in Thailand, *Praxis Geographie, 40* (9), S. 44–48

KARGER, Susanne (2008): Integrating the Acoustics of Running Speech into the Pure Tone Audiogram. *Folia Phoniatrica et Logopaedica,*(2), S. 25–32

KIRSCHNER, Peter (2010): Gold wird im Kopf gewonnen. *Bewegungserziehung, 64* (4), S. 21–25

KNAPP, Andreas, ROST, Detlef H. (2010): Wie Schülerinnen und Schüler ihre Lernumwelt wahrnehmen. *German Journal of Educational Psychology, 24,*S.111–122

LENGERSDORF, Diana, MEUSER, Michael (2010): Wandel von Arbeit – Wandel von Männlichkeiten. Österreichische Zeitschrift für Soziologie, 35 (2), S. 89–103

PLASS, Jürgen (2010): Natur- und Umweltschutz. *Zeitschrift für Ökologie, 32* (3), S.28–35

TENZER, Eva (2010): Warum wir kaufen, was wir kaufen. *Psychologie heute, 37* (5), S. 38–41

WALPER, Sabine, KÖLLER, Olaf, LEWALTER, Doris, SPANGLER, Gottfried (2010): Die Bindungen von Kindern. *Psychologie in Erziehung und Unterricht, 57*, S. 21–29

5) Literaturangaben von Themenheften von Zeitschriften

(01)	NACHNAME, Vorname (Erscheinungsjahr): Titel [Themenheft]. *Name der Zeitschrift, Jahrgang* (Heft)

Tab. 34: Literaturangabe von Themenheften von Zeitschriften

BLÜMEL, Klaus (2008): Verwaltungsentwicklung. 10 Jahre Fachhochschul-Studiengang „Militärische Führung" [Themenheft]. *Miles, Armis et Litteris, 19*, S. 169–178

DALE, Philip (2008): The Bilingual Child [Themenheft]. *Journal of Child Language, 35* (3)

DORALT, Peter (Hrsg.) (2006): 100 Jahre GmbH [Sonderheft]. *Der Gesellschafter*, 35 (keine Heftzählung)

HUISMAN, Martin (2009): Reisen [Themenheft]. *Unterricht Biologie, 33* (5)

KIRCHNER, Constanze, KIRSCHENMANN, Johannes (Hrsg.) (2009): Orientierung im Kunstpädagogischen Handeln [Themenheft]. *Kunst + Unterricht, 62* (334/335)

KRAUTZ, Jochen (2008): Gefühle verbinden Menschen [Digitale Fotografie]. *Kunst und Unterricht*, 2008 (319)

MEISE, Ullrich(2003): Gender Mainstreaming [Themenheft]. *Neuropsychiatrie, 17* (3+4)

SCHMITT, Rudolf (Hrsg.) (2007): Eine Welt in der Schule [Themenheft]. *Grundschulmagazin, 07* (7)

WALPER, Sabine u.a. (Hrsg.) (2010): Aggression und Gewalt in der Schule [Themenheft]. *Psychologie in Erziehung und Unterricht, 57* (2)

6) Literaturangaben von Forschungsberichten und Dissertationen

(01)	NACHNAME, Vorname(n) (Erscheinungsjahr): *Titel. Untertitel* (ggf. Reihe). Ort: Hochschule, ggf. Institut

Tab. 35: Literaturangabe von Forschungsberichten und Dissertationen

BAUMANN, Susanne (2010): *Möglichkeiten steuerlicher Familienförderung, Bestandsaufnahme und Analyse der derzeitigen Systematik mit steuerpolitischem Ausblick*. Wirtschaftsuniversität Wien: Dissertation

BUCHEGGER, Anita. (2009): *Evaluierung Elternteilzeit. Die Sichtweisen von Eltern, Unternehmen und ExpertInnen zur Neuregelung der Elternteilzeit,* Forschungsbericht, ÖIF Wien

CHRISTODOULIDOU, Melina (2004): *Legasthenikerbetreuung – eine pädagogische Verpflichtung am Beispiel der griechischsprachigen Grundschulen Nikosias (Zypern)*. Universität Wien, Dissertation an der Fakultät für Human- und Sozialwissenschaft

KÖNIG, Holger (2002): *Forschungsbericht zur schulischen Sozialisation. Kinder und Jugend.* Universität Leipzig, Institut für Soziologie

KRAUSS, Cornelia (1981): *Kommunikationsmangel und Sprachskepsis in der Dialogtechnik österreichischer Autoren: Hofmannsthal – Horvath – Handke*. Universität Wien: Dissertation

MEYER, Christine S. (2009): *Diagnostik sozial-emotionaler Kompetenz im Rahmen der Intelligence and Development Scales*. Universität Basel: Dissertation

NABER, Daniel (2009): *Aggression und Suizidalität bei schizophrenen Patienten mit und ohne komorbide substanzbezogene Störungen*. Universitätsklinikum Hamburg-Eppendorf: Dissertation

NEUSCHAEFER-RUBE, Christiane (2008): *Phoniatrie und Pädaudiologie*. Freie Universität Berlin

NIENHAUS, Katja (2004): *Diagnostik und Differentialdiagnostik der Borderline-Persönlichkeitsstörung*. Universität Trier, Institut für Psychologie

WOCKEN, Hans (2005): *Andere Länder, andere Schüler. Vergleichende Untersuchungen von Förderschülern in den Bundesländern Brandenburg, Hamburg und Niedersachsen*. Universität Potsdam: Forschungsbericht

7) Angaben von (unveröffentlichten) Vorträgen und Konferenzberichten

BENDER, Anton (2003). *Emotionen in Austauschsituationen. Kognitive Konzepte und soziale Regeln in Tonga*. Arbeitsgruppe Kognitive Anthropologie. Heidelberg: Institut für Ethnologie

BERGER, Doris (2007): Retailovation. How to create a true customer experience for all senses. In: Nigel HEMMINGTON (Hrsg.): *Extraordinary Experience Conference*, 2.–4. September in Bournemouth. Eigenverlag. S. 30–31

BOHL, Thorsten (Juni 1999): *Forschungsansatz und Organisation*. Protokoll der 1. Tagung des Forschungsprojektes Forschungsmethodische, historische und begriffliche Grundlegung an der Wilhelm-Hauff-Realschule Pfullingen

DEISER, Roland (2010, März): *Designing the Smart Organization*.Vortrag an der Hauptuniversität Innsbruck

ENKER, Ina Carolin (2006, Jänner): *Medizin für den Hausfrauengebrauch?* Vortrag auf dem Freiburger Ärztinnenforum – Regionalgruppe Südbaden in der Bezirksärztekammer Südbaden

FROHN, Josef (2000, April): *Koedukation im Sportunterricht an Hauptschulen?* Vortrag auf dem 2. Kongress des Deutschen Sportlehrerverbands in Augsburg

FUXJÄGER, Anton (2006, Mai): *Falsche Fährten in Film und Fernsehen: Ein Konferenzbericht.* Vortrag zur internationalen film- und medienwissenschaftlichen Konferenz der Universität Wien

MIKL-HORKE, Gertraude (2006): *Environment and Action. Social Lamarckism and Human Evolution.*Tagung „The Evolution of Human Sociality", Innsbruck, Österreich, 08.06.–10.06.

SAMAC, Klaus (2000, September): Management in Schule und Wirtschaft. In: LEOPOLD FRANZENS UNIVERSITÄT INNSBRUCK (Hrsg.): Internationale Tagung Qualitätssicherung und Qualitätsentwicklung in der Lehrer/innen/bildung. Abstracts. Innsbruck. S. 4 f.

TOELLE, Jutta (2007, März): *Wie europäisch ist die Oper? Das Musiktheater als Zugang zu einer kulturellen Topographie Europas.* Konferenz an der Österreichischen Akademie der Wissenschaften

8) Angaben von Gesetzen und Verordnungen

ALLGEMEINES BÜRGERLICHES GESETZBUCH 1812: Österreichisches Bundesgesetz vom 01.01.1812. JGS Nr. 970/1846

DATENSCHUTZGESETZ (DSG) 2000: Österreichischer Gesetzestext, Erläuterungen zur Regierungsvorlage, Ausschussbericht sowie EG-Datenschutz-Richtlinie. BGBl. Nr. 165/1999

DATENSCHUTZGESETZ 2000: Datenschutzgesetz. Österreichischer Gesetzestext; Erläuterungen zur Regierungsvorlage; Ausschussbericht sowie EG- Datenschutz-Richtlinie. BGBl. Nr. 1978/565. 3. Teil

LEHRPLAN DER HAUPTSCHULE 2000: Verordnung des Bundesministers für Unterricht und kulturelle Angelegenheiten über die Lehrpläne der Hauptschulen; Bekanntmachung der Lehrpläne für den Religionsunterricht an diesen Schulen. Teil II. BGBl. Nr. 134/2000, Österreich

LEHRPLAN DER VOLKSSCHULE 2009: Verordnung der Bundesministerin für Unterricht, Kunst und Kultur, mit welcher die Lehrpläne der Volksschule und der Sonderschule erlassen werden. BGBl. Nr. 290/2008, Österreich

RETTUNGSASSISTENTENGESETZ (RettAssG) 2007: Deutsches Bundesgesetz BGBl I S. 1384 über den Beruf der Rettungsassistentin und des Rettungsassistenten, zuletzt geändert durch Art. 19 G, I 2686

SANITÄTERGESETZ (SanG) 2002: Österreichisches Bundesgesetz über Ausbildung, Tätigkeiten und Beruf der Sanitäter, BGBl. I Nr. 30/2002, Wien

SCHULUNTERRICHTSGESETZ 1986 – SchUG: Österreichisches Bundesgesetz vom 19. März 1986, mit dem das Schulunterrichtsgesetz geändert wird (4. Schulunterrichtsgesetz-Novelle). BGBl. Nr. 211/1986. 83. Stück

SCHULVERANSTALTUNGENVERORDNUNG 1995 – SchVV: Verordnung des Bundesministers für Unterricht und kulturelle Angelegenheiten über Schulveranstaltungen (Schulveranstaltungenverordnung 1995 – SchVV). BGBl. Nr. 498/1995. 162. Stück, Österreich

9) *Angaben von Lexika, Enzyklopädien u.Ä.*

BROCKHAUS (2006): *Enzyklopädie in dreißig Bänden.* Band 5 (21., völlig neu bearbeitete Auflage). Leipzig: Brockhaus

DIE BIBEL (1980): *Altes und Neues Testament*. Einheitsübersetzung. Freiburg: Herder

DONGES, Jürgen: Vernunft statt Subventionen. In: *Frankfurter Allgemeine Zeitung* vom 19. Oktober 1991. S. 13

DUDEN (2003): *Das große Fremdwörterbuch*. Herkunft und Bedeutung der Fremdwörter (3., überarbeitete Aufl.). Mannheim: Duden

GABLER KOMPAKT-LEXIKON WIRTSCHAFT (2001): *2.700 Begriffe nachschlagen, verstehen, anwenden* (8., vollständig überarbeitete und erweiterte Auflage). Wiesbaden: Gabler

GESCHICHTSLEXIKON (1991): *Daten, Fakten und Zusammenhänge*, hrsg. von Heinrich PLETICHA. Berlin: Cornelsen Verlag Scriptor

LEXIKON DER BIOLOGIE (1999): *Lexikon der Biologie in fünfzehn Bänden.* Band 2. Heidelberg: Spektrum

LEXIKON FAMILIE (2007): *Mehrdeutige und umstrittene Begriffe zu Familie, Leben und ethischen Fragen*, hrsg. vom Päpstlichen Rat für die Familie. Paderborn: Ferdinand Schöningh

LEXIKON PSYCHOLOGIE (2005): *Hundert Grundbegriffe*, hrsg. von Stefan JORDAN und Gunna WENDT. Ditzingen: Reclam

LEXIKON SOZIOLOGIE UND SOZIALTHEORIE (2008): *Hundert Grundbegriffe*. Ditzingen: Reclam

METZLER-PHILOSOPHIE-LEXIKON (1996): *Begriffe und Definitionen*, hrsg. von Peter PRECHTL und Franz-Peter BURKARD. Stuttgart: Metzler

ÖSTERREICHISCHES WÖRTERBUCH (2006): Hrsg. im Auftrag des Bundesministeriums für Bildung, Wissenschaft und Kultur (40., neu bearbeitete Auflage). Wien: öbv & hpt

PERSONEN UND BEGRIFFE VON A–Z (2000): Freiburg im Breisgau: Ploetz

ROCHE LEXIKON (1987): *Medizin* (2., neuerarbeitete Auflage). München: Urban & Schwarzenberg

STATISTISCHES JAHRBUCH 2008 der Wirtschaftskammer Österreich (2009), Wien

TENORTH/TIPPELT (2007): *Lexikon Pädagogik*. Band 1 (1. Auflage). Weinheim: Beltz

TURNHERR (2007): Lexikon *Existentialismus und Existenzphilosophie*. Darmstadt: WBG

5.3.2 Literaturen in elektronischer Form (Internet)

Zitierfähig sind Internetquellen nur dann, wenn die Autoren oder Herausgeber angegeben sind. Websites der User-Enzyklopädie „Wikipedia", Websites aus „Werner Stangls Arbeitsblätter" oder ähnliche Websites sind wegen der fehlenden Kontrollierbarkeit der wissenschaftlichen Seriosität oder ihrer Schnelllebigkeit nur bedingt zitierfähig. Oftmals werden sie der Grauen Literatur zugeordnet. Die bedingte Zitierfähigkeit ist u.a. der Tatsache geschuldet, dass sehr viele Websites einem dynamischen Veränderungsprozess unterliegen und daher laufend ergänzt oder modifiziert werden. Viele Befragungen von Kolleginnen und Kollegen aus verschiedenen Hochschulen und Universitäten haben uns gezeigt, dass diese es nicht gerne sehen, wenn Studierende auf solche Websites zurückgreifen, bzw. dies beim Verfassen von wissenschaftlichen Zweckschriften gar nicht gestatten. Eine Verwendung in Ihrer Bachelorarbeit sollten Sie unbedingt mit Ihren betreuenden Lehrpersonen klären.

Das Heranziehen von Internet-Onlinequellen sollte daher wegen der Schnelllebigkeit des Mediums sehr sparsam erfolgen. Die wichtigste Angabe ist der URL (Uniform Resource Locator), der eindeutig sein muss. Besteht die Möglichkeit alternative URLs anzugeben, so sollte diejenige Adresse zitiert werden, die dem Inhalt der Internetseite oder der verantwortlichen Organisation am nächsten kommt. Es wird empfohlen, nur Quellen einzusetzen, deren Beständigkeit zuverlässig eingeschätzt werden kann. Zudem ist darauf zu achten, dass die zu zitierenden Textstellen eingegrenzt werden können, beispielsweise durch Seitenzahlen bei pdf-Dateien und durch Absatznummerierungen oder Ankerlinks (Textanker) bei html-Dateien. Das sind Links zu einer Textstelle auf derselben Website und an dem Rautezeichen (#) in der Adressierung erkennbar.

Ein weiteres Qualitätsmerkmal für die Zitation einer Webseite[56] ist die Verfügbarkeit von Metadaten im Quelltext der Seite, in denen alle wesentlichen Informationen enthalten sein sollen (zumeist einsehbar, wenn Sie auf der angezeigten Webseite mit der rechten Maustaste klicken und dann in Abhängigkeit vom verwendeten Browser *Seitenquelltext anzeigen*, *Seiteninformationen anzeigen*, *Quellcode anzeigen*, *Quelltext*, *Dokumenteigenschaften* u.Ä. auswählen). Ein besonderes Augenmerk ist auf die Groß- und Kleinschreibung sowie auf die Trennung von Internetadressen zu werfen. Silbentrennungen des URL sind zu vermeiden; sind sie jedoch bei langen URLs notwendig, so darf die Trennung nur nach einem Schrägstrich („slash") oder vor einem Punkt durch Einfügen eines Leerzeichens erfolgen; ein Trennstrich („–") darf nicht eingefügt werden.

1) Elektronische Veröffentlichungen basierend auf der Druck-Version

Wenn die Zitation sich auf die Druck-Version eines Artikels oder eines Beitrags bezieht, dieser jedoch nur in der identischen elektronischen Version zur Verfügung steht, so ist es zwar nicht nötig, die dazugehörende URL anzugeben, jedoch ein zusätzliches Service an die Leserschaft. Es kann aber auch lediglich nach dem Titel des Beitrags in eckigen Klammern der Verweis auf die verwendete elektronische Version erfolgen:

Bös, Karl, Brehm, Wolfgang (1999): *Gesundheitssport – Abgrenzungen und Ziele* [Elektronische Version]. dvs-Informationen, 14 (2), S. 9–18

Kellmann, Manfred (2000): *Psychologische Methoden der Erholungs-Beanspruchungs-Diagnostik* [Elektronische Version]. Deutsche Zeitschrift für Sportmedizin, 51, S. 253–258

56 Viele der angeführten Beispiele stammen aus den Richtlinien zur Manuskriptgestaltung von Konrad Kleiner, http://zsu-schmelz.univie.ac.at/fileadmin/user_upload/spowi/ISW/Abteilungen/Fachdidaktik/Arbeiten/Zitationsrichtlinien.pdf [23.8.2007]

Schreiner, Claudia, Breit, Simone, Schwantner, Ursula, Grafendorfer, Andrea (2007): *PISA 2006. Internationaler Vergleich von Schülerleistungen* [Elektronische Version]. Graz: Leykam

Die Angabe des URL sollte als besonderes Service an die Leserschaft nach Möglichkeit gemacht werden. Zusätzlich ist das Datum des Abrufs aus dem Internet anzugeben. Die Angabe des Zugriffsdatums erfolgt in eckiger Klammer nach dem Schema Tag, Monat und Jahr. Der Vollbeleg sieht dann folgendermaßen aus:

Schreiner, Claudia, Breit, Simone, Schwantner, Ursula, Grafendorfer, Andrea (2007): *PISA 2006. Internationaler Vergleich von Schülerleistungen.* Graz: Leykam. URL: http://www.bifie.at/sites/default/files/publikationen/2007-12-04_pisa-2006-studie.pdf [6.3.2009]

Volksschul-Lehrplan (2003): URL: http://www.bmukk.gv.at/medienpool/14055/ lp_vs_komplett.pdf [9.4.2009]

Statistisches Jahrbuch 2008 der Wirtschaftskammer Österreich (2009). URL: http://wko.at/statistik/jahrbuch//2008_gesamt_de.pdf [9.4.2009]

2) Online-Version nicht identisch mit Druck-Version

Hat man Grund zur Annahme, dass die Online-Version von der Druck-Version hinsichtlich der Formatierung (z.B. ohne Tabellen und Abbildungen) oder der Seitenzahlen abweicht, so ist unbedingt das Datum des Abrufs aus dem Internet anzugeben. Gleiches gilt für Artikel, die bereits an anderer Stelle veröffentlicht wurden und im Original nicht vorliegen. Die Angabe des Zugriffsdatums erfolgt in eckiger Klammer nach dem Schema Tag, Monat und Jahr:

Grupe, Oswald (1996): *Kultureller Sinngeber. Die Sportwissenschaft an deutschen Universitäten. Forschung & Lehre*, 3, S. 362–366. http://www.tu-darmstadt.de/dvs/ [6.10.2002]

3) Beiträge einer Online-Zeitschrift (E-Journal)

Existiert neben der html-Version eines reinen E-Journals auch eine pdf-Version, so ist vorzugsweise diese anzugeben, da hier durch die Seitenzahlen eine ausreichende Eingrenzung auf die Textstellen gegeben ist.

Thomas, Manfred, Weller, Vroni, Schulz, Tina, Vörkel, Claudia (2001): *Entwicklung einer MR-kompatiblen Schulterlagerungsschiene zur Funktionsuntersuchung der Schulter im offenen Kernspintomographen.* Klinische Sportmedizin/Clinical Sports Medicine-Germany, 2 (6), S. 85–93. URL: http://klinische-sportmedizin.de/Auflage2001_6/Artikel_1_Schulterschiene/Schulterschiene.pdf [23.2.2002]

Pandel, Hans-Jörg (2001): *Fachübergreifendes Lernen – Artefakt oder Notwendigkeit?* Onlinejournal – Zeitschrift für Sozialwissenschaften und ihre Didaktik, 1. URL: http://www.sowi-onlinejournal.de/2001-1/pandel.htm [25.2.2002]

a) Angabe der pdf-Version

Sind Artikel als pdf-Dateien nach Absätzen nummeriert und ist somit die Eingrenzung auf die Textstellen durch diese Paginierung gegeben, so können beide Versionen für die Zitation genutzt werden. Dabei ist dann die Anzahl der Absätze nach dem Jahrgang der Zeitschrift anzugeben (vergleichbar mit der Seiteneingrenzung bei Print-Journals):

Hunger, Inge, Thiele, Jörg (2000): *Qualitative Forschung in der Sportwissenschaft.* Forum Qualitative Sozialforschung/Forum: Qualitative Social Research, 1 (1), 25 Absätze. URL: http://www.qualitative-research.net/fqs-texte/1-00/1-00hungerthiele-d.pdf [7.2.2001]

Volksschul-Lehrplan (2003): URL: http://www.bmbwk.gv.at/medienpool/9736/Artikel_I-II.pdf [20.4.2005]

b) Angabe der html-Version

Hunger, Inge, Thiele, Jörg (2000): *Qualitative Forschung in der Sportwissenschaft.* Forum Qualitative Sozialforschung/Forum: Qualitative Social Research, 1 (1), 25 Absätze. URL: http://www.qualitative-research.net/fqs-texte/1-00/1-00hungerthiele-d.htm [7.2.2001]

Volksschul-Lehrplan (2003). URL: http://www.bmbwk.gv.at/schulen/unterricht/lp/abs/Volkschullehrplan3911.xml#H1 [20.4.2005]

4) WWW-Seiten

Bei der Zitation von Internetseiten aus dem WorldWideWeb (WWW) ist vor allem auf die genauen Datumsangaben zu achten. Neben dem Datum des Zugriffs ist das Datum der Erstellung bzw. der Revision (der letzten Aktualisierung) der Seite anzugeben. Das Revisionsdatum ist dem Erstellungsdatum vorzuziehen. Wenn zusätzlich die Versionsnummer der Revision angegeben ist, so kann diese ebenfalls genannt werden. Diese Angaben sollten direkt auf der Seite, in den Metadaten oder in den Informationen über die Seiten enthalten sein. Die Angabe des Erstellungs- bzw. des Revisionsdatums erfolgt nach dem Schema Jahr, Tag und Monat (ausgeschrieben). Das Datum des Zugriffs erfolgt nach dem Schema Tag, Monat und Jahr.

Fromme, Albert, Linnenbecker, Silvia, Thorwesten, Ludwig, Völker, Klaus (1998, 19. November): *Bungee-Springen aus sportmedizinischer Sicht.* URL: http://medweb.uni-muenster.de/institute/spmed/aktuell/bungee/bungee.htm[7.2.2002]

Gerlach, Erich (2002, 23. Februar):*Projekt „Sportengagement und Entwicklung von Heranwachsenden. Eine Evaluation des Paderborner Talentmodells“* (Version 1.1). URL: http://sport.uni-paderborn.de/entwicklung/sportundentwicklung.html [28.2.2002]

Lippens, Valentin (1999, 28. Dezember): *Der Trainer als Experte! Langzeitstudie der Subjektiven Theorien in einer Trainingsgruppe* (1991–1994). URL: http://cosmic.rrz.uni-hamburg.de/webcat/sportwiss/lippens/lip00002/karten.htm [1.3.2002]

Aktion „Bewegte Schule" (2003, 7. Oktober). URL: http://www.bmukk.gv.at/schulen/pwi/pa/bewegte_schule.xml [9.4.2009]

5.4 Zum Zitieren

Jedes fremde Gedankengut, das Sie in Ihre Bachelorarbeit übernehmen, muss überprüfbar und nachvollziehbar sein. Korrektes Zitieren entspricht der wissenschaftlichen Redlichkeit. Übernommenes fremdes Gedankengut – egal, ob wörtlich (direkt) oder sinngemäß (indirekt) – ist als solches zu kennzeichnen. Eigene Argumentationen, Belege und Befunde müssen von jenen fremder Autorinnen und Autoren unterscheidbar sein.

Abschreiben ist erlaubt, jedoch muss genau und redlich zitiert werden.[57] Es zeugt aber von fehlender Auseinandersetzung mit dem Thema, gleich ganze Kapitel und Seiten einfach abzuschreiben, auch wenn die Quelle genannt wird. Wissenschaftlich ist hingegen, einzelne Passagen zu zitieren (oder Abbildungen, Tabellen), sie in die Bachelorarbeit als Argumentation, Unterstützung oder Absicherung der eigenen Argumente und Aussagen aufzunehmen, die Quelle anzugeben und im Literaturverzeichnis anzuführen. „Eine Ausnahme von der Zitierpflicht besteht nur bei allgemein bekanntem Wissen des Fachgebiets."[58] Tatsachen, die Allgemeinwissen repräsentieren (dazu gehört auch das fachliche Grundlagenwissen), werden daher nicht zitiert. Aus diesem Grund sind in Fachbüchern, Lehr- und Sachbüchern, Diplomarbeiten und Dissertationen jene Passagen, die ohnehin seit langem bekannt sind, nicht extra als Zitationen ausgewiesen.

Grundsätzlich gibt es zwei Möglichkeiten, ein Zitat aus einer Quelle zu kennzeichnen. Entweder Sie geben die Quelle nach der übernommenen Stelle (1) im Vollbeleg (Quellenangabe) oder (2) im Kurzbeleg (Quellenverweis) an. Quellen, die im Kurzbeleg angegeben werden, müssen zwangsläufig im Literaturverzeichnis im Vollbeleg angeführt sein, weil der Kurzbeleg nur ein Verweis auf das Literaturverzeichnis sein soll. Wenn Sie Quellen im Vollbeleg anführen, machen Sie das am besten über eine Fußnote. Der Vollbeleg in der Fußnote sollte ausschließlich bei Grauer Literatur erfolgen und/oder wenn das Anführen im Literaturverzeichnis unpassend ist.[59] Diese Vorgangsweise sollten Sie jedoch unbedingt mit Ihren betreuenden Lehrpersonen abklären.

Sowohl bei direkter (wörtlicher) Zitation als auch bei indirekter (sinngemäßer) Zitation erfolgt der Quellenverweis als Kurzbeleg durch Anführen des Familiennamens der Autorin oder des Autors, des Erscheinungsjahres des Werkes und der Seite(n), aus der (denen) das direkte oder indirekte Zitat entnommen wurde. Der Quellenverweis verweist auf das Literaturverzeichnis, wo die Literatur im Vollbeleg angegeben ist.

57 Vgl. Karmasin & Ribing 2007, S. 82
58 Rossig & Prätsch 2006, S. 141
59 Vgl. Karmasin & Ribing 2007, S. 88

5.4.1 Wörtliche (direkte) Zitate

Bei direkten Zitaten werden die Ausführungen der Autorin bzw. des Autors wörtlich übernommen. Sie sind ausnahmslos durch doppelte – typographische – Anführungszeichen („ “) zu kennzeichnen. Diese müssen am Beginn von Zitaten unten, am Ende von Zitaten oben stehen.

Quellenverweis im Text:

> Die heutigen Unterrichtsmethoden unterscheiden sich sehr von denen vor zehn Jahren noch. „Auch in der Pädagogik ist die Entwicklung nicht stehen geblieben.“ (SCHWETZ 2001, S. 17)

Quellenverweis in der Fußnote:

> Die heutigen Unterrichtsmethoden unterscheiden sich sehr von denen vor zehn Jahren noch. „Auch in der Pädagogik ist die Entwicklung nicht stehen geblieben.“[1]
>
> 1 SCHWETZ 2001, S. 17

Bei Nennung der Autorin bzw. des Autors im Text:

> Zum Unterschied der heutigen Unterrichtsmethoden zu denen vor zehn Jahren noch führt SCHWETZ (2001, S. 17) aus: „Auch in der Pädagogik ist die Entwicklung nicht stehen geblieben“.

Bzw. bei Fußnotenzitation:

> Zum Unterschied der heutigen Unterrichtsmethoden zu denen vor zehn Jahren noch führt SCHWETZ[2] aus: „Auch in der Pädagogik ist die Entwicklung nicht stehen geblieben“.
>
> 2 2001, S. 17

Bei unseren nachfolgenden Ausführungen bevorzugen wir die Fußnotenzitation. Im Gegensatz zum Quellenverweis im Text (Harvard-Zitierweise) hat diese Form den Vorteil, dass durch den Quellenverweis in der Fußnote der Lesefluss nicht gestört wird. Aufgrund der technischen Möglichkeiten der heutigen Textverarbeitungsprogramme ist das Generieren von Fußnoten auch kein Problem mehr (im Gegensatz zum Schreibmaschinenzeitalter).

Zitate, die länger als zwei Zeilen sind, werden mit einem linken Einzug von 1 cm einzeilig formatiert und in einer um 1 pt kleineren Schriftgröße als der übliche Textkörper angeführt.

> „Zumeist werden Sie zu Beginn der Bachelorarbeit die verwendeten zentralen Begriffe definieren und erklären müssen, um zwischen den Leserinnen und Lesern und Ihnen eine gemeinsame Begriffsbasis herzustellen. Dazu kann es notwendig sein, verschiedene Definitionen, Bestimmungen oder Erklärungen ein und desselben Begriffes anzuführen und zu diskutieren. Letztendlich werden Sie sich auf eine Begriffsbestimmung explizit einigen, das dem Leser mitteilen und diesen Begriff dann auch stringent weiter verwenden müssen. Bedenken Sie dabei, dass es in Ihrer gesamten Bachelorarbeit ausschließlich um die Beantwortung der von Ihnen im Problemaufriss angeführten Forschungsfrage(n) geht."[3]
>
> 3 Samac 2007, S. 9

Auslassungen (Ellipsen) im Zitat (jedoch nicht am Beginn und am Ende) werden durch fortlaufende Punkte in Klammern gekennzeichnet; zwei Punkte für ein ausgelassenes Wort, drei Punkte für mehr als ein Wort:

> Zum Unterschied der heutigen Unterrichtsmethoden zu denen vor zehn Jahren meint Schwetz[4], dass „auch in der Pädagogik (..) die Entwicklung nicht stehen geblieben" ist.
>
> 4 2001, S. 17

Veränderungen durch die Verfasserin bzw. den Verfasser sind in eckigen Klammern zu verdeutlichen, erkannte (Rechtschreib-)Fehler im Original mit [!] oder [sic!] (d.h. wirklich so). Unterschiedliche Schreibweisen, die auf Rechtschreibreformen zurückzuführen sind, sollten nicht gekennzeichnet werden.

> „Die Befunde lassen den Schlus [!] zu, der Unterrichtsstil…"[5]

Ergänzungen, Interpolationen:

> „Diese [Prüfungsordnung] wurde von der Studienkommission…"[6]

Geänderte Hervorhebungen:

> „Die **Befunde** [Herv. durch Verf.] lassen den Schluss zu, der Unterrichtsstil…"[7]

> „Durch schülerzentrierte [Herv. im Original] Unterrichtsformen kann die Motivation…"[8]

Begriffe (Sogenanntes), die im Original unter Anführungszeichen stehen, werden unter ‚einfache Anführungszeichen' gesetzt (auf der Tastatur rechts neben dem „Ä": <Umschalttaste> + <#>).

„Mit einem ‚Sammelsurium' an pädagogischen Möglichkeiten…"[9]

Zitate im Zitat (Sekundärzitate) sind analog durch ‚einfache Anführungszeichen' zu kennzeichnen. Die Fundstelle ist durch Angabe der Seitenzahl („S. xx") der Quelle zu präzisieren.

Schule heute sieht anders aus. „Die heutigen Unterrichtsmethoden unterscheiden sich sehr von denen vor zehn Jahren noch. ‚Auch in der Pädagogik ist die Entwicklung nicht stehen geblieben.' Aus diesem Grund…"[10]

10 Prenner 2005, S. 43 mit einem Zitat von Schwetz 2001, S. 17

Ausschließliche Sekundärzitate sind wie folgt zu kennzeichnen. Die Fundstelle ist durch Angabe der Seitenzahl („S. xx") der Quelle zu präzisieren.

Schule heute sieht anders aus. „Auch in der Pädagogik ist die Entwicklung nicht stehen geblieben."[11]

11 Schwetz 2001, S. 17 zit in Prenner 2005, S. 43

5.4.2 Sinngemäße (indirekte) Zitate

In diesem Falle übernehmen Sie zwar das Gedankengut anderer Autorinnen und Autoren, übernehmen es aber in freier Übertragung, wobei Sinn und Bedeutung erhalten bleiben müssen. Unkorrekt ist jedenfalls die Übernahme von Textteilen, die gegenüber dem Original nur durch einige Wortumstellungen verändert und als indirekte Zitate gekennzeichnet werden. Indirekte Zitate sind unter den verschiedenen Zitierformen am häufigsten anzutreffen. Der Zitatumfang (Anfang und Ende) muss jedenfalls eindeutig erkennbar sein.

Die heutigen Unterrichtsmethoden unterscheiden sich sehr von denen vor zehn Jahren noch. Wie in den anderen Wissenschaften habe die Entwicklung auch vor der Pädagogik nicht halt gemacht.[12]

12 Vgl. Schwetz 2001, S. 17

Auch bei längeren indirekten Zitaten steht das Fußnotenzeichen am Ende des Zitats (des zitierten Satzes oder Abschnitts), aber nicht hinter einer Überschrift. Zur Kennzeichnung des Zitatbeginns kann es von Vorteil sein, das Zitat mit dem Namen der Autorin bzw. des Autors einzuleiten. Steht dieser in Ihrem Text, schreiben Sie alle weiteren erforderlichen Angaben des Quellenverweises in die Fußnote:

Prenner[13] schrieb über die sozialen Beziehungen in Schulklassen...

---

[13] 2004, S. 52 f.

Werden mehrere Werke eines Autors aus demselben Publikationsjahr angeführt, so werden diese durch eine ergänzende Kennzeichnung mit Kleinbuchstaben unterschieden:

Bezüglich der sozialen Beziehungen von Studierenden an tertiären Bildungseinrichtungen wurde betont[14]...

---

[14] Vgl. Schwetz 2005b, S. 84 f.

Im Text werden bei der Nennung von Autorengruppen die Autorennamen durch Komma voneinander getrennt, wobei der letzte Autor durch „und" abgesetzt wird:

Das Lehrbuch von Samac, Prenner und Schwetz[15] beschreibt ...

---

[15] 2008, S. 45–52

An Stelle des „und" tritt bei der Literaturangabe in der Fußzeile das Zeichen „&":

Weitere Standardwerke zur Statistik[16], welche das Problem...

---

[16] Bös, Hänsel & Schott 2000

Bei mehr als zwei Autoren werden Autorengruppen bei der Erstnennung vollständig, danach nur noch der erstgenannte Autor mit dem Zusatz „u.a." aufgeführt:

Samac, Prenner und Schwetz[17] nennen ... Verschiedentlich wurde betont[18] ...

---

[17] 2008, S. 62
[18] Samac u.a. 2008, S. 75 f.

Werden gleichbedeutende Aussagen verschiedener Werke im Text zitiert, werden diese durch einen Strichpunkt voneinander getrennt:

...wird durch empirische Verfahren ermöglicht[19].

---

[19] Vgl. Willimczik 1999, S. 156; Bös, Hänsel & Schott 2000, S. 79

Klassische Werke werden sowohl mit dem Jahr der Originalausgabe wie mit dem Jahr der verwendeten Publikation zitiert:

… wie bereits Laplace[20] in seinem Essay ausführte, sollte …

[20] 1814/1951, S. 7–13

Werke, die noch nicht erschienen sind, von denen Sie aber ein Manuskript haben, werden folgendermaßen angegeben:

Schwetz[21] weist darauf hin …

[21] im Druck

5.4.3 Übernahme von Darstellungen

Wie Textzitate werden auch Darstellungen (Grafiken, Tabellen etc.) (1) bei genauer Übernahme direkt oder (2) bei abgeänderter Übernahme indirekt zitiert. Das Fußnotenzeichen steht entweder am Ende des letzten Satzes vor der Darstellung, sofern dieser Satz auf die Darstellung verweist, oder am Ende der Beschriftung (Überschrift oder Unterschrift). Die Quelle ist in das Literaturverzeichnis aufzunehmen.

In der Fußnote schreiben Sie bei genauer Übernahme (kopiert, gescannt, von Ihnen genau reproduziert):

Nachname Jahreszahl, Seitenangabe

Bei abgeänderter Übernahme:

Vgl. Nachname Jahreszahl, Seitenangabe

Möglich sind auch folgende Formen:

Quelle: Nachname Jahreszahl, Seitenangabe

Abbildung aus: Nachname Jahreszahl, Seitenangabe

Tabelle modifiziert übernommen aus: Nachname Jahreszahl, Seitenangabe

Entnommen aus: Nachname Jahreszahl, Seitenangabe

Unformen wie ein Copyrightzeichen © oder andere Irritationen sind zu vermeiden.

6 PRÄSENTIEREN

Die Präsentation einer Bachelorarbeit kann als Ritual am Ende eines Studiums angesehen werden. Die Prüfungswerberinnen oder Prüfungswerber sollen zeigen, ob sie ihre in vielen Stunden verfasste Arbeit nur nacherzählen oder gut präsentieren können. In vielen Institutionen gibt es die Verpflichtung zur Präsentation der Bachelorarbeit. Der Eindruck aus Präsentation und wahrgenommener Flexibilität in der Diskussion ist in vielen Fällen Bestandteil der Gesamtbeurteilung einer Bachelorarbeit.

Was sind nun die übergeordneten Ziele für die Planung einer eindrucksvollen Präsentation? In der pädagogischen Literatur[60] werden immer wieder drei Kompetenzbereiche genannt, nämlich (1) Sachkompetenz, (2) Sozialkompetenz und (3) Methodenkompetenz. Dieser Kompetenzkatalog kann auch als Basis für die Planung und Analyse einer Präsentation gewählt werden:

(01)	Sachkompetenz: Die Kandidatinnen und Kandidaten demonstrieren, dass sie das gewählte Thema frei präsentieren und auf Rückfragen adäquat eingehen können. Die Präsentation ist kein Ablesen und auch keine langweilige Nacherzählung.
(02)	Sozialkompetenz: Die Kandidatinnen und Kandidaten halten mit den Zuhörenden Blickkontakt. Sie präsentieren für die interessierten Zuhörer und nicht, weil dies eine lästige Verpflichtung ist.
(03)	Methodenkompetenz: Die Kandidatinnen und Kandidaten sind in der Lage, den Umfang der Arbeit so zu reduzieren, dass für die Zuhörenden ein eindrucksvolles Gesamtbild entsteht und auch noch ein „roter Faden" erkennbar ist.

Tab. 36: Notwendige Präsentationskompetenzen

Was sind also Ihre Ziele im Zusammenhang mit Ihrer Präsentation?

(01)	Wollen Sie Ihre Arbeit bloß nacherzählen oder wollen Sie zeigen, dass Sie in der „Sache", also dem Thema Ihrer Bachelorarbeit, wirklich sattelfest sind?
(02)	Wollen Sie die Präsentation in möglichst kurzer Zeit hinter sich bringen oder wollen Sie sachlich überzeugen und in kurzer Zeit einen interessanten Überblick geben?
(03)	Wollen Sie möglichst schnell Ihren auswendig gelernten Text abspulen, um ja nicht stecken zu bleiben, oder wollen Sie zeigen, dass Sie gut mit PowerPoint umgehen und dabei auch noch Blickkontakt zu den Professorinnen und Professoren halten können?
(04)	Wollen Sie wegen Ihrer üblichen Nervosität von Präsentationskärtchen ablesen oder wollen Sie sich sehr gut vorbereiten und frei präsentieren?
(05)	Wollen Sie lieber vor Leuten präsentieren, die nach Möglichkeit nicht gut aufpassen, um etwaige Unsicherheiten nicht zu bemerken, oder wollen Sie für Ihre Präsentation ein hohes Maß an Aufmerksamkeit bei den Zuhörenden bewirken?

60 MEYER 1994, S. 152; BECKER 2007, S. 7

(06)	Reicht Ihnen eine gerade noch positive Note oder wollen Sie, dass Professorinnen und Professoren, die schon sechs oder mehr Präsentationen gehört haben, sachlich beeindruckt sind?
(07)	Wollen Sie den letzten Teil Ihres Studiums irgendwie hinter sich bringen oder wollen Sie Ihr Studium mit dem guten Gefühl einer erbrachten Höchstleistung beenden?
(08)	Genügt Ihnen irgendeine positive Note oder wollen Sie die Bestnote erzielen?
(09)	Wollen Sie Ihre Arbeit nur erzählen oder wollen Sie vielleicht Ihre Arbeit aus der „Adlerperspektive" (Metaebene) darstellen und so kritische Kompetenz signalisieren?

Tab. 37: Zielkatalog einer Präsentation

Wenn Sie diese Ziele erreichen wollen, dann müssen Sie sich sehr gut vorbereiten. Im Folgenden werden Tipps gegeben, wie man durch eine professionelle Vorbereitung die Gesamtbeurteilung positiv beeinflussen kann.

Einer professionellen Musikaufführung gehen viele Proben voran. Meistens sind die Musiker schon Meister ihres Faches und müssen trotzdem ausreichend proben. Beim Reden oder Präsentieren meinen wir hingegen, dass es sich um eine Alltagsaktivität handelt. Viele denken, dass wir ohnedies jeden Tag reden, und glauben deshalb, dass das Reden vor Publikum dem Reden im Alltag ähnelt. Dem ist aber nicht so! Das Reden im Alltag wird nicht beurteilt und wenn etwas unklar dargestellt wurde, kann man korrigieren. Die professionelle Vorbereitung einer Präsentation beinhaltet viele Schritte.

(01)	Bereiten Sie sich gründlich vor!
(02)	Kürzen Sie den möglichen Stoff und denken Sie über eine Struktur nach! Beispielsweise stehen bei 20 Minuten Präsentationszeit und fünf Kapiteln (Punkten) in einer Präsentation pro Kapitel (Punkt) maximal vier Minuten zur Verfügung. Wenn zu jedem Kapitel (Punkt) fünf zentrale Aussagen erläutert werden sollen, haben Sie dazu nicht einmal eine Minute Zeit.
(03)	Was war die Forschungs- oder Evaluationsfrage? Gibt es dazu neue Aspekte? Hat sich die Forschungsfrage seit dem Zeitpunkt der Themenstellung verändert? Ist es möglich, mit einer Verfeinerung oder gar Veränderung der Forschungsfrage einen persönlichen Lernfortschritt aufzuzeigen?
(04)	Legen Sie wenige zentrale „Botschaften" fest!
(05)	Welches Ergebnis (oder Nicht-Ergebnis) ist so bemerkenswert, dass es dargestellt werden soll?
(06)	Legen Sie zum Üben (nicht für Ihre Präsentation!) Präsentationskarten an, die das Wichtigste beinhalten. Es lohnt sich, die Erstform der Präsentation wortwörtlich zu verfassen und die Übergänge zu berücksichtigen!
(07)	Achten Sie darauf, dass zwischen geschriebener und gesprochener Sprache ein großer Unterschied besteht. Die Sätze auf Ihren Präsentationskarten sollten nicht zu lang sein. Versuchen Sie diese Sätze nach dem Motto „Ein Gedanke, ein Satz" zu verfassen!

(08)	Üben Sie, üben Sie, üben Sie ....
(09)	Sprechen Sie langsam und deutlich!
(10)	Messen Sie die Zeit während der Übung!
(11)	Zeichnen Sie Ihre Präsentation multimedial auf und analysieren Sie diese nach Möglichkeit mit Freundinnen und Freunden! Verwenden Sie keine nichtssagenden Füllwörter, Silben oder Buchstaben (z.B. „Ahahah ...", „Gut!", „OK!"). Achten Sie auf die Satzanfänge!
(12)	Üben Sie das freie Reden und schauen Sie dabei die Zuhörenden an! Das kann man gut vor dem Spiegel trainieren.
(13)	Planen Sie die Eröffnung der Präsentation mit einem überraschenden Satz!
(14)	Planen Sie die Übergänge!
(15)	Besuchen Sie den Ort der Präsentation (auch Fußballmannschaften trainieren, wenn auch nur kurz, im gegnerischen Stadion) und versuchen Sie, mögliche technische Probleme zu antizipieren (z.B. wissen Sie genau, wo der Overheadprojektor einzuschalten und scharfzustellen ist?). Falls Sie einen Computer mit Beamer verwenden, sollten Sie sicherstellen, dass die Technik einwandfrei funktioniert.
(16)	Wenn Sie üben, stehen Sie ruhig und ohne zu zappeln vor dem Spiegel und sehen Sie sich selbst in die Augen. Das hilft, sich von den Präsentationskarten zu entfernen.
(17)	Gewinnen Sie Abstand von Details Ihrer Arbeit! Versuchen Sie das Ganze zu sehen und den Nutzen für Ihren persönlichen Fortschritt und auch für die Praxis herauszustreichen.
(18)	Bei kritischen Rückfragen lassen Sie sich nicht aus der Ruhe bringen! Sie sollten Ihre Arbeit zwar verteidigen, sich aber nicht angegriffen oder beleidigt fühlen. Ein Trick: Signalisieren Sie Lernbereitschaft und Einsicht.
(19)	Achten Sie auf Ihr Äußeres (Kleidung etc.).
(20)	Sprechen Sie nicht zur Projektionswand (z.B. den Kopf halb gedreht zur Projektionswand, den Körper aber halb den Zuhörern zugewandt).

Tab. 38: Checkliste für die Planung einer Präsentation

Im Folgenden wird ein konkretes Beispiel angeführt, in dem gezeigt wird, wie der Einstieg und die Übergänge gestaltet werden können. Eine Studierende hat sich in ihrer Bachelorarbeit zum Ziel gesetzt, die Lernkultur in kleinen (und meist ländlichen) Grundschulen zu erforschen. Es lag also eine quantitativ orientierte Arbeit vor. Dabei ging sie von der Forschungsfrage aus, dass wegen der geringen Zahl von Schülerinnen und Schülern im ländlichen Raum eine schülerzentrierte und differenzierende Lernkultur nachzuweisen sein würde. Dem war aber nicht so! Vielmehr zeigte sich, dass der Unterricht im Fach Mathematik auch in kleinen Klassen so abläuft wie in großen Klassen und Schulen. Die Präsentation war in sieben Teile gegliedert und umfasste 20 Minuten:

(01)	Einleitung mit Überraschungsmoment
(02)	Kurzer Bezug zur Literatur
(03)	Darstellung der Forschungsfrage und ausgewählter Hypothesen
(04)	Darstellung ausgewählter Skalen aus den Messinstrumenten
(05)	Darstellung ausgewählter Ergebnisse
(06)	Diskussion der Ergebnisse
(07)	Reflexion

Tab. 39: Beispiel einer siebenteiligen Präsentation

Der Fokus im nachfolgenden Beispiel liegt auf der Formulierung von Überleitungssätzen. Zudem soll ein Beispiel zeigen, dass eine kritische Distanz eingenommen werden kann, um Reflexionsfähigkeit zu signalisieren. Das Thema der Bachelorarbeit und somit auch der Präsentation war „Neue Lernkultur an Klein- und Kleinstschulen im Mathematikunterricht".

Präsentationsteil	Aussagen der Präsentatorin
Einleitung mit Überraschungseffekt	„In der Planung meines kleinen Forschungsprojektes für die Bachelorarbeit mit dem Thema ‚Neue Lernkultur an Klein- und Kleinstschulen im Mathematikunterricht' ging ich von einem Mythos aus. Ich war fest davon überzeugt, dass kleine Schulen heile Welten im Sinne einer neuen Lernkultur sind. Vorab möchte ich gleich feststellen, dass ich bei der Themenfestlegung zu wenig auf den Rat der Betreuer gehört habe. Diese meinten, dass das Thema zu allgemein und die Forschungsfrage zu unspezifisch sei. Heute weiß ich, dass ein gründliches Literaturstudium vorab mich vor vielen Irr- und Umwegen bewahrt hätte. Ich möchte nun die Disposition für meine Präsentation darlegen. Meine Präsentation umfasst 7 Punkte, nämlich …"
Überleitung I	„Das Studium der Literatur zu den subjektiven Theorien von Lehrerinnen und Lehrern zeigte mir aber, dass die Präferierung einer Lernkultur nicht von der Anzahl der Schülerinnen und Schüler einer Klasse abhängt."
Ausgewählte Statements aus der Literatur	…
Überleitung II	„Nach jetzigem Wissensstand würde ich eine andere und weitaus präzisere Forschungsfrage formulieren."
Darstellung der Forschungsfrage und ausgewählter Hypothesen	…

Überleitung III	„Die Messinstrumente habe ich der Literatur entnommen und für mein Forschungsvorhaben adaptiert."
Darstellung ausgewählter Skalen aus den Messinstrumenten	…
Überleitung IV	„Als Jungforscherin war ich bestrebt, signifikante Unterschiede oder Zusammenhänge zu ermitteln. Die Ergebnisse meiner Forschungsarbeit hingegen belegen keine Unterschiede. Ich möchte nun die Ergebnisse einzeln vorstellen."
Darstellung ausgewählter Ergebnisse	…
Überleitung V	„Die Ergebnisse meines kleinen Forschungsvorhabens widerlegen den Mythos, den ich mir aufgebaut habe!"
Diskussion der Ergebnisse	…
Reflexion	„Ich habe durch dieses Forschungsprojekt gelernt, den Fakten und weniger den Wunschvorstellungen zu folgen. Mir ist auch klar geworden, was evidenzbasierte Qualitätssicherung ist."

Tab. 40: Beispiel gelungener Überleitungen bei einer Präsentation

Immer wieder auftretende Mängel bei Präsentationen können Sie vermeiden, wenn Sie folgende Tipps berücksichtigen:

(01)	Sie sollten eine PowerPoint-Folie nicht mit Text vollschreiben und diesen dann ablesen.
(02)	Sie sollten das Ablesen eines vorbereiteten Textes, der vielleicht auch noch zu lang ist, unbedingt vermeiden.
(03)	Sie sollten die Zeit nicht überschreiten und auch nicht den Eindruck hinterlassen, dass Sie erst ein Drittel dessen, was Sie sagen wollten, gesagt haben.
(04)	Sie sollten nicht öffentlich bedauern, dass die Zeit, die Sie für die Präsentation haben, eigentlich viel zu kurz ist.
(05)	Sie sollten nicht mit Standardsätzen operieren (z.B. „Ich werde jetzt eine Präsentation halten!" oder „Ich werde jetzt meine Arbeit präsentieren!").
(06)	Stellen Sie keine Folien in unlesbarer Schriftgröße her (Faustregel: immer mindestens 20 Punkt).
(07)	Vermeiden Sie zu viele Animationen in Ihrer PowerPoint-Präsentation (z.B. zu viel Farbe oder zu viele bewegte Elemente).

Tab. 41: Tipps für die Gestaltung von Präsentationen

Noch ein guter Tipp zum Abschluss: Wenn Sie in der an die Präsentation anschließenden Diskussion zu Sachverhalten befragt werden, die weder zum Fachgebiet gehören noch

Gegenstand Ihrer Bachelorarbeit waren, stellen Sie keine Mutmaßungen an, sondern entgegnen Sie sachlich und ruhig, dass dies nicht Thematik Ihrer Arbeit war und eine Aussage von Ihnen daher unseriös wäre. Oftmals werden Studierende beispielsweise zu selbst durchgeführten empirischen Studien befragt, worauf sie denn ein u.U. überraschendes Ergebnis zurückführten. Wenn es Ihnen in Ihrer Bachelorarbeit nicht gelungen ist, eine schlüssige Theorie mit Ursache-Wirkungs-Zusammenhängen zu Ihren Hypothesen darzulegen, sollten Sie es an dieser Stelle auch nicht versuchen. Auch dann nicht, wenn Ihre Ergebnisse den vorangegangenen theoretischen Auseinandersetzungen widersprechen, obwohl Ihr Untersuchungsdesign methodisch korrekt angelegt war. Mutmaßungen zeugen von unkritischem und daher unwissenschaftlichem Verhalten. Da ist es allemal besser, zuzugeben, dass Sie von diesem Ergebnis selber überrascht wären und dafür keine Erklärung hätten.

TEIL 2
(FÜR LEHRENDE)

7 ZUR PÄDAGOGISCHEN BETREUUNG DER BACHELORARBEIT

Die Betreuung der Studierenden umfasst eine fachliche, methodische und pädagogische Dimension. Sie basiert auf den rechtlichen Grundlagen des Hochschulgesetzes 2005, der Hochschul-Curriculaverordnung (HCV) 2006 und den festgelegten Curricula und Prüfungsordnungen an den jeweiligen Pädagogischen Hochschulen.

7.1 Vorschriften zur Bachelorarbeit

Die Ausbildung an Pädagogischen Hochschulen in Österreich erfordert in allen Bachelorstudien aufgrund des Hochschulgesetzes 2005, § 48, Abs. 1, von Studierenden die Abfassung einer Bachelorarbeit, wobei Art und Umfang der wissenschaftlich-berufsfeldbezogenen Bachelorarbeit in der Prüfungsordnung zu regeln sind. Die Prüfungsordnung ist Teil der von den jeweiligen Studienkommissionen zu verordnenden Curricula.[61] Die Hochschul-Curriculaverordnung (HCV) 2006 legt im §12 u.a. (1) die Abfassung als Einzelarbeit, (2) die studienfachbereichsübergreifende Bearbeitung und (3) das erforderliche Arbeitspensum mit neun Credit Points im ECTS (European Credit Transfer System) fest.

In den Erläuterungen zur Hochschul-Curriculaverordnung 2006 wird festgehalten, dass in den bisherigen Lehramtsstudien eine studienfachbereichsübergreifende schriftliche Diplomarbeit als Teil der Diplomprüfung zu verfassen war, die neben den human- und fachwissenschaftlichen Gesichtspunkten besonders auf den Nachweis der methodisch-didaktischen Kompetenz der Absolventinnen und Absolventen ausgerichtet war. Um sicherzustellen, dass die mit dem neuen Bachelorabschluss verbundene Lehramtsprüfung auch die notwendige praxisbezogene berufliche Qualifizierung der Absolventinnen und Absolventen umfasst, schreibt das Hochschulgesetz 2005 eine Abschlussarbeit (Bachelorarbeit) vor, die vorrangig dem Nachweis der ausbildungsspezifischen Kompetenzen dient und damit notwendigerweise über den rein wissenschaftlichen Bezug hinausgeht.

Da die Darstellung eines umfassenden Themas im komplexen Bezug von wissenschaftlicher Theorie und beruflicher Praxis innerhalb einer zeitlich begrenzten Prüfung nicht möglich ist, wurde dieser Nachweis vom Verordnungsgeber als schriftliche Hausarbeit vorgesehen. Die Themen für Bachelorarbeiten haben dergestalt zu sein, dass jede Bachelorarbeit für sich gesondert beurteilt werden kann. Das schließt übergeordnete The-

---

61 Siehe Hochschulgesetz 2005, § 43, Prüfungsordnung

menkomplexe nicht aus, sofern jede Bachelorarbeit isoliert bearbeitet und beurteilt werden kann.[62]

Weiters wird erläutert, dass Studierende, die bereits ein einschlägiges Studium an einer anerkannten postsekundären Bildungseinrichtung absolviert und in diesem Rahmen bereits eine Master- oder Magisterarbeit oder eine Dissertation erstellt haben, diese Arbeit als Grundstock für ihre Bachelorarbeit heranzuziehen und die für die Lehramtsausbildung wesentlichen pädagogisch-didaktischen, fachdidaktischen und allenfalls schulpraktischen Elemente einzuarbeiten haben. Die verpflichtende Verwendung dieser bereits bestehenden fachwissenschaftlichen Arbeit wird damit begründet, dass die Studierenden aufgrund des absolvierten einschlägigen Studiums das Lehramt anstreben und die umfangreiche Arbeit daher auch in das Lehramtsstudium einfließen soll. Die Bemessung dieser Bachelorarbeit erfolgt ebenso mit neun Credits.

Der positive Erfolg der Bachelorarbeit ist gem. Hochschulgesetz 2005, § 43, Abs. 3 mit „Sehr gut" (1), „Gut" (2), „Befriedigend" (3) oder „Genügend" (4), der negative Erfolg ist mit „Nicht genügend" (5) zu beurteilen. Zwischenbeurteilungen sind unzulässig. Die Prüfungsordnungen an den Pädagogischen Hochschulen sehen für die Gesamtbeurteilung der Bachelorarbeit durchgängig zwei Teilbeurteilungen vor: (1) Die Beurteilung der schriftlichen Bachelorarbeit (Note und kurzes schriftliches Gutachten) und (2) die Beurteilung der Defensio. Für eine positive Gesamtbeurteilung müssen beide Teile positiv absolviert werden.

7.2 Wesen der Bachelorarbeit

Die Prüfungsordnungen der einzelnen Pädagogischen Hochschulen sehen durchgängig vor, dass die Bachelorarbeit vorrangig dem Nachweis der ausbildungsspezifischen Kompetenzender Studierenden dienen soll. Sie soll ihre Fähigkeit, eine beruflich relevante Fragestellung eigenständig und nach wissenschaftlichen Kriterien zu bearbeiten, dokumentieren. In der Bachelorarbeit müssen daher wissenschaftliche Erkenntnisse im Kontext eigener Fragestellungen verarbeitet werden. Unter Berücksichtigung der formalen Anforderungen sind die Ergebnisse in Bezug auf die eigene berufliche Ausbildung kritisch zu reflektieren.

Grundsätzlich sollen die Studierenden Theorieansätze und Argumentationen in Auseinandersetzung mit ihrer eigenen Fragestellung nachvollziehen, vergleichen und kritisch reflektieren. Empirisch angelegte Arbeiten können als (1) eigene, neue Studien, (2) Sekundäranalysen bereits vorliegender Daten oder (3) Replikationsstudien angelegt werden. Gleichzeitig sollen die Studierenden damit den Nachweis der elementaren Kenntnisse wis-

62 Siehe Erläuterungen zur HCV 2006, Bachelorarbeit

senschaftlicher Methoden liefern. Insbesondere geht es in der Bachelorarbeit um das Bearbeiten von Entdeckungs-, Begründungs-, Erklärungs- und Verwertungszusammenhängen sowie um Methoden der Textverdichtung (Analysieren, Systematisieren, Paraphrasieren, Interpretieren). In Abgrenzung zu Dissertationen und Habilitationen sind in Bachelorarbeiten keine neuen Erkenntnisse zum gewählten Thema zwingend gefordert.

Um dieses Ziel zu erreichen, ist von den Studierenden unter Rücksprache mit den betreuenden Lehrpersonen selbstständig ein Themengebiet zu wählen und die Problemlösung in einem befristeten Zeitraum zu bearbeiten. Der befristete Zeitraum erstreckt sich im Wesentlichen auf das letzte Studienjahr (5. und 6. Semester). Der Zeitaufwand bei der Vorgabe von neun Credit Points entspricht in etwa 225 bis 270 Arbeitsstunden (ein Credit Point soll einem Workload von 25 bis 30 Stunden entsprechen). Die Bachelorarbeit ist je nach hochschuleigener Prüfungsordnung im Rahmen einer Defensio zu präsentieren und zu verteidigen. Sie bildet somit den Abschluss des Bachelorstudiums.

7.3 Die Betreuung

Da im Bachelorstudium keine lehrveranstaltungsfreie Zeit (mit Ausnahme der Ferien) für die Erstellung der Bachelorarbeiten vorgesehen ist, muss diese schriftliche Hausarbeit lehrveranstaltungsbegleitend abgefasst werden. Dies bietet den Vorteil einer kontinuierlichen Betreuung im Sinne einer prozesshaften Entwicklung der im Zusammenhang mit der Bachelorarbeit stehenden notwendigen und herzustellenden Kompetenzen bei den Studierenden. Diese Kompetenzen, die in den Curricula der einzelnen Pädagogischen Hochschulen von den jeweiligen Studienkommissionen festgeschrieben wurden, sollen bei den Studierenden im Kontext mit anderen Lehrveranstaltungen aufgebaut und entwickelt werden.

Bei der Betreuung und Beurteilung von Bachelorarbeiten fallen auf der Seite der Lehrpersonen folgende Aufgaben an (siehe Tab. 42).

(01)	Die fachliche Betreuung (die einzelne Fachdisziplin betreffend)
(02)	Die methodische Betreuung (Vorgehensweisen beim wissenschaftlichen Arbeiten)
(03)	Die pädagogische Betreuung im Sinne von Beraten, Lenken, Führen, Motivieren etc.
(04)	Die Begutachtung und schriftliche Beurteilung der fertiggestellten Bachelorarbeit
(05)	Das Führen des Prüfungsgesprächs über die Bachelorarbeit (Defensio) samt Beurteilung

Tab. 42: Aufgaben der Lehrpersonen im Rahmen der Betreuung und Beurteilung

Die Studierenden haben die in Tab. 43 angeführten Aufgaben wahrzunehmen.

(01)	Die eigenständige Erstellung der Bachelorarbeit
(02)	Die eigenverantwortliche Wahrnehmung der Betreuung im entsprechenden Ausmaß
(03)	Ablegen eines Prüfungsgespräches über die Bachelorarbeit (Defensio) vor der Prüfungskommission

Tab. 43: Aufgaben der Studierenden

Die fachliche, methodische und pädagogische Betreuung hat zum Ziel, bei den Studierenden jene erforderlichen Kompetenzen zu fördern und zu entwickeln, die für ein erfolgreiches Verfassen der Bachelorarbeit notwendig sind (siehe Tab. 44).

(01)	Die Grob- und Feinstruktur ihrer Bachelorarbeit entwickeln können
(02)	Die Systematik des Zitierens und verschiedene Belegarten kennen
(03)	Über Kenntnisse wissenschaftlicher Textproduktion verfügen
(04)	Die Qualitätsstandards wissenschaftlicher Arbeiten in ihrem jeweils individuellen Anforderungsprofil reflektieren können
(05)	Inhalte in ihrer Vernetztheit stringent und sprachlich korrekt darstellen können
(06)	Ein differenziertes Problembewusstsein und Fachwissen im Hinblick auf wissenschaftliches Arbeiten entwickeln
(07)	Sich einer vertieften Auseinandersetzung mit studienfachbereichsrelevanten Themen stellen
(08)	Ihr Wissen auf der Basis eines komplexen Theorie-Praxis-Bezuges reflektieren
(09)	Über Erfahrungen in der Planung und Durchführung projektorientierter Konzepte verfügen

Tab. 44: Kompetenzen, die zu fördern und zu entwickeln sind[63]

Aus dieser beispielhaften Aufzählung ist die verantwortungsvolle Aufgabe der Betreuung beim Verfassen der Bachelorarbeit ablesbar. Daher kann sich die Betreuung nicht auf einige wenige Gespräche mit den Studierenden beschränken, sondern bedarf eines systematischen, planvollen, kontinuierlichen und didaktisch-methodischen Vorgehens. Das muss bereits in der ersten Phase mit der Entwicklung einer brauchbaren Forschungsfrage aus einer gut gewählten Thematik beginnen. Unserer Erfahrung nach liegen oft hier die Gründe für misslingende Arbeiten. Das Motto „Beginnen Sie mal am Thema zu arbeiten, die Frage können Sie ja immer noch formulieren!" muss mit aller Deutlichkeit als ungeeignet abgelehnt werden. Gerade beim Erstellen eines umfassenden Exposés oder eines ersten Problemaufrisses sollte den Studierenden, die sich zum ersten Mal an eine wissenschaftli-

63 Vgl. Module zur Bachelorarbeit im Curriculum der Kirchlichen Pädagogischen Hochschule in Wien

che Arbeit heranwagen müssen, Unterstützung geboten werden. Der Formulierung einer Forschungsfrage muss besonderes Augenmerk geschenkt werden, ist sie doch leitend und bestimmend für die gesamte Bachelorarbeit, sowohl inhaltlich als auch methodisch.

Die organisatorische Umsetzung dieser Betreuungstätigkeit wird von den Rahmenbedingungen, welche die jeweiligen Pädagogischen Hochschulen zur Verfügung stellen, abhängen. Die betreuenden Lehrpersonen betreffend schreibt die Hochschul-Curriculaverordnung (HCV) 2006 im § 12, Abs. 4, vor: „Die Betreuung der Bachelorarbeit hat durch wissenschaftlich ausgebildetes und fachlich qualifiziertes Lehrpersonal zu erfolgen."

7.4 Die Beurteilung

Der Verordnungsgeber schreibt die Beurteilung der Bachelorarbeit zwingend vor. Gleichzeitig regelt er die Bachelorarbeit, insbesondere aber deren Beurteilung, mit nur wenigen Bestimmungen, die darüber hinaus in der Anwendung einen verhältnismäßig großen Ermessensspielraum zulassen. Wenn die Bachelorarbeit eine erste wissenschaftliche Auseinandersetzung mit einem gewählten berufsfeldbezogenen Thema ist, dann sollte diese Vorgabe von den Studierenden eingefordert und auch der Beurteilung zugrunde gelegt werden. Die Gesamtbeurteilung der Bachelorarbeit ist an den Pädagogischen Hochschulen durchgängig zweiteilig (schriftliche Bachelorarbeit und Defensio).

7.4.1 Beurteilungskriterien der schriftlichen Bachelorarbeit

Um eine fertige Bachelorarbeit entsprechend beurteilen zu können, sollte sie einer bestimmten Systematik folgend gelesen werden. In Anlehnung an Karmasin und Ribing[64] schlagen wir folgende Vorgangsweise vor: (1) Der Problemaufriss gibt erste Anhaltspunkte über die Themenstellung und die daraus abgeleitete(n) Forschungsfrage(n). Gleichzeitig wird die Vorgangsweise aufgezeichnet, wie die bzw. der Studierende die Problemlösung plant. (2) Die Zusammenfassung am Ende des Textteils informiert, zu welchen Ergebnissen die bzw. der Studierende gekommen ist und ob diese der Themenstellung und Forschungsfrage(n) entsprechend formuliert und dargestellt sind. (3) Das Inhaltsverzeichnis vermittelt einen ersten Eindruck der inhaltlichen Gliederung und ob die wesentlichen inhaltlichen Bausteine abgearbeitet wurden. (4) Mit dem Thema werden aus Sicht der beurteilenden Lehrpersonen immer auch bestimmte Quellen (Bücher, Beiträge in Zeitschriften, Forschungsberichte etc.) verbunden. Daher ist eine Kontrolle des Literaturverzeichnisses angebracht. (5) Danach erst kann das Studium des Hauptteils der Bachelorarbeit empfohlen werden, wobei Anfang und Schluss die grundlegenden Informationen über die jeweiligen Kapitel liefern (sollten).

64 2007, S. 33

Nach Brink[65] lassen sich vier Kriterienblöcke anführen, die zusammenfassend für die Beurteilung von wissenschaftlichen Prüfungsarbeiten herangezogen werden können (siehe Tab. 45).

(01)	Untersuchungskonzept[66] Deckt das Untersuchungskonzept das Thema vollständig ab? Ist der Aufbau der Untersuchung systematisch und entspricht er der Themenstellung? Ist die Gewichtung der Untersuchungsteile im Hinblick auf das Gesamtthema angemessen? Sind die in der Arbeit vorgenommenen Abgrenzungen themengerecht und nachvollziehbar begründet? Ist das von der Verfasserin bzw. vom Verfasser entwickelte Untersuchungskonzept in sich schlüssig und ausgewogen? Wird das Thema in einen größeren fachlichen Zusammenhang eingeordnet?
(02)	Untersuchungsinhalt Wurde die themenspezifische Literatur umfassend ausgewertet, vergleichend analysiert und entsprechend verarbeitet? Wurden eigene Forschungsaktivitäten entfaltet und eigene Ansätze entwickelt? Sind alle Schlussfolgerungen das Ergebnis logisch aufgebauter Argumentationsstränge? Sind die verwendeten Methoden und Modelle geeignet, wurden Begründungen für ihre Auswahl geliefert? Ist die Verfasserin bzw. der Verfasser kritisch mit der Literatur umgegangen? Wurden eigene Ansätze entwickelt bzw. eigene Beurteilungen vorgenommen?
(03)	Darstellungsstil Sind die Ausführungen verständlich und gut lesbar? Wurden die verwendeten Quellen offengelegt? Ist die Ausdrucksweise wissenschaftlich sachlich in Fachsprache abgefasst? Wurden alle Aussagen in sich schlüssig bewiesen bzw. mit nachprüfbaren Quellen belegt? Wurden Aussagen durch Beispiele verdeutlicht? Wurde gegen Grammatik-, Rechtschreibungs- und Zeichensetzungsregeln verstoßen?
(04)	Darstellungsform Wie ist der äußere Eindruck der Arbeit? Ist die Zitierweise korrekt? Ist die Gliederung formal zu beanstanden?

Tab. 45: Vier umfassende Kriterienblöcke zur Beurteilung der Bachelorarbeit[66]

Außerdem unterscheidet Brink[67] vier Stufen, an denen der wissenschaftliche Wert einer Arbeit gemessen werden kann. Je höher die erreichte Stufe, desto höher ist ihr wissenschaftlicher Wert, desto besser können eine Beurteilung und somit auch eine Benotung ausfallen (siehe Tab. 46).

65 2005, S. 225

66 Der Terminus „Untersuchung" beschränkt sich hier nicht ausschließlich auf empirische Untersuchungen, sondern meint die Untersuchung der Forschungsfrage schlechthin, unabhängig von der methodologischen Vorgangsweise.

67 2005, S. 226

1. Stufe Arbeiten, die über diese Stufe des wissenschaftlichen Wertes nicht hinauskommen, sind durch einen reproduktiven Arbeitsstil gekennzeichnet, d.h. die Untersuchung ist rein deskriptiv angelegt. Die themenrelevante Literatur wurde zwar gefunden und bearbeitet, sie wurde aber mehr oder weniger nur reproduziert.
2. Stufe Arbeiten auf dieser Stufe sind dadurch gekennzeichnet, dass sie im Vergleich zur vorhandenen Literatur einen anderen Aufbau aufweisen. Die Autorin bzw. der Autor hat die Problemstellung anders abgegrenzt und ggf. verschiedene Literaturmeinungen einander gegenübergestellt. Arbeiten dieser Stufe beschränken sich allerdings nur auf eine Darstellung, Beschreibung und Erläuterung der Probleme.
3. Stufe Auf dieses Niveau gelangen Arbeiten, die sich von vorhandenen Literaturquellen lösen. Die Autorin bzw. der Autor interpretiert und beurteilt die Literaturmeinungen selbstständig.
4. Stufe Bei Arbeiten auf der höchsten Stufe des wissenschaftlichen Wertes analysiert die Autorin bzw. der Autor das Problem selbstständig. Die Literatur wird dabei nur als Hilfsmittel zur Lösung des betrachteten Problems verstanden. Verschiedene Lösungsansätze werden abgewogen und daraus eigene Ansätze entwickelt.

Tab. 46: Vier Stufen zur Beurteilung des wissenschaftlichen Wertes

Bei der Beurteilung einer Bachelorarbeit werden inhaltliche, methodische und formale Aspekte einfließen. Die Gewichtung der Einzelkriterien obliegt den beurteilenden Lehrpersonen. Aufgrund der „Gutachter-Individualitäten"[68] sind daher keine allgemein gültigen Angaben möglich. Die folgende Checkliste in Tab. 46 soll Anhaltspunkte bieten, welche Fragen bei der Beurteilung einer Bachelorarbeit eine Rolle spielen können.[69]

(01)	Zur Fragestellung Ist die Fragestellung klar formuliert? Ist die Fragestellung themenadäquat, d.h. bezieht sie sich ausschließlich auf das vorliegende Thema? Wird die Fragestellung dem Typ der Bachelorarbeit gerecht, d.h. schöpft sie das Thema hinsichtlich Breite und Tiefe in der Form aus, die man bei einer sechs- bis neunmonatigen Bearbeitungszeit mit neun Credit Points (225 bis 270 Arbeitsstunden) zumuten und fordern kann?
(02)	Zur Behandlung der Fragestellung Zeigen die Ausführungen themenfremde und/oder in der dargebotenen Breite nicht themennotwendige Passagen? Werden Themenfragen komplett ausgelassen oder nur partiell behandelt? Werden Argumentations-/Beleg-/Beweisketten entwickelt oder werden einfach Behauptungen aufgestellt, bloße Mutmaßungen und/oder Spekulationen unterbreitet? Sind die entwickelten Argumentations-/Beleg-/Beweisketten lückenlos und in sich widerspruchsfrei? Welche Stärken zeigen die einzelnen Ketten-

68 Bänsch 2003, S. 73
69 Vgl. Bänsch 2003, S. 73–76; Karmasin & Ribing 2007, S. 33–36

glieder im Sinne von überzeugend/beweiskräftig versus fragwürdig/zweifelhaft? Werden in Relation zu dem zu demonstrierenden wissenschaftlichen Niveau „Selbstverständlichkeiten"/„Trivialitäten" ausgebreitet? Gibt es ungerechtfertigte Wiederholungen?

(03) Zu den Ergebnissen
Sind die Ergebnisse klar formuliert? Harmonisieren die Ergebnisse mit der Fragestellung? Sind die Ergebnisse in sich widerspruchsfrei? Sind die Ergebnisse die folgerichtigen Schlussglieder von Argumentations-/Beleg-/Beweisketten?

(04) Zu Definitionen, Prämissen und Untersuchungsdesigns
Sind alle definitionspflichtigen Begriffe klar und problemstellungsgemäß gefasst und konsequent durchgehalten sowie Definitionsunterschiede bei Literaturbezügen korrekt berücksichtigt? Sind alle verwendeten Prämissen und im Laufe der Arbeit vollzogene Prämissenänderungen jeweils klar angezeigt und haben Prämissenunterschiede bei Literaturbezügen die notwendige Beachtung gefunden? Ist im Falle eigenvollzogener empirischer Untersuchungen das jeweilige Untersuchungs- und Auswertedesign klar und vollständig offengelegt und ist bei Bezugnahmen auf fremdvollzogene empirische Untersuchungen deren Design verständig berücksichtigt?

(05) Zu Stil und Sprachregeln
Ist die Arbeit in ihrer Wortwahl und Ausdrucksweise eindeutig verständlich, prägnant und treffend? Sind die einzelnen Sätze klar, inhaltlich aussagekräftig und in sich logisch? Sind die Satzverknüpfungen sprachlich und logisch korrekt, spiegeln die Satzfolgen in lückenloser Form die dem Untersuchungsziel adäquaten Gedankenabläufe wider? Zeigt die Arbeit Verstöße gegen die Regeln der gültigen Rechtschreibung, Grammatik oder Zeichensetzung?

(06) Zur Literaturbearbeitung und Zitierweise
Wurde qualitativ angemessene Literatur in gebührendem Umfang herangezogen? In welchem Umfang spiegelt sich die im Literaturverzeichnis ausgewiesene Literatur tatsächlich im Text der Arbeit wider? Wurde die Literatur (ohne Verfälschungen, auf dem letzten Stand, primär) ausgewertet? In welchem Grad und auf welchem Niveau ist eine kritische Auseinandersetzung mit der Literatur zu registrieren? Ist die Zitierweise adäquat (unnötiges Zitieren, Ausmaß wörtlichen Zitierens)? Ist die Zitierweise korrekt (eindeutige Erkennbarkeit übernommenen und eigenen Gedankengutes, Vollständigkeit der Angaben zu den einzelnen Quellen)?

(07) Zur Gliederung
Ist die Gliederung formal korrekt (konsequente Gliederungs-Klassifikation, tatsächliche und vollständige Untergliederung, richtige Zuordnung von Ober- und Unterpunkten, Kriterienreinheit der Untergliederung, angemessene Gliederungstiefe)? Ist die Gliederung in allen Teilen und insgesamt inhaltlich verständlich und in Bezug auf das Thema aussagekräftig?

(08) Zur Eigenständigkeit
Zeigt die Arbeit Eigenüberlegungen in Form eigener Ansätze, zeigt sie die Umsetzung eigener Ideen? Auf welchem Niveau liegen diese Eigenleistungen? Erweisen sie sich als treffend/abgesichert? Werden Literaturlücken registriert und zu schließen versucht? Werden Widersprüche und Fragwürdigkeiten in der Literatur herausgearbeitet,

	kommentiert und aufzulösen versucht? Zeigt die Arbeit Eigenständigkeit hinsichtlich des Konzeptes der Problembearbeitung, hinsichtlich der Darstellung/Illustration, der Verdichtung und Verknüpfung des gesammelten Materials sowie hinsichtlich der Wiedergabe/Kommentierung der Literatur?
(09)	Zu Darstellungen und Verzeichnissen Sind die Darstellungen (Abbildungen, Tabellen) korrekt durchnummeriert und inhaltlich bezeichnet? Wurden die erforderlichen Verzeichnisse (Inhalts-, Abbildungs-, Tabellen-, Abkürzungs-, Literaturverzeichnis) korrekt angelegt und an der jeweils richtigen Stelle platziert?
(10)	Zur Reinschrift Sind das Deckblatt, alle Textseiten in richtiger Aufteilung (Rand, Zeilenabstände) gut lesbar (Größe, Konturierung) gestaltet und in richtiger Form paginiert? Wurde die vorgegebene Seitenzahl eingehalten? Ist die geforderte eidesstattliche Erklärung korrekt verfasst, datiert und eigenhändig mit Vor- und Zunamen auf allen einzureichenden Exemplaren unterschrieben?

Tab. 47: Checkliste zur Beurteilung der Bachelorarbeit

Dieser Kriterienkatalog zur Beurteilung der schriftlichen Bachelorarbeit ist sehr umfangreich dargestellt worden, entspricht aber seinem Stellenwert und soll helfen, sich einen ersten Überblick zu verschaffen, welche möglichen Kriterien der Beurteilung einer Bachelorarbeit zugrunde gelegt werden sollten. Empfehlenswert und vorteilhaft für eine intersubjektiv nachvollziehbare Notengebung ist die Kombination von formalisierten analytischen Bewertungen[70] (siehe Tab. 42 und 49) und freien Bewertungsformen.

Wissenschaftlicher Wert	(–)	(+)	(+)(+)	(+)(+)(+)	(+)(+)(+)(+)
Kriterienblöcke:					
Untersuchungskonzept	(–)	(+)	(+)(+)	(+)(+)(+)	(+)(+)(+)(+)
Untersuchungsinhalt	(–)	(+)	(+)(+)	(+)(+)(+)	(+)(+)(+)(+)
Darstellungsstil	(–)	(+)	(+)(+)	(+)(+)(+)	(+)(+)(+)(+)
Darstellungsform	(–)	(+)	(+)(+)	(+)(+)(+)	(+)(+)(+)(+)
Detailkriterien:					
Fragestellung	(–)	(+)	(+)(+)	(+)(+)(+)	(+)(+)(+)(+)
Behandlung der Fragestellung	(–)	(+)	(+)(+)	(+)(+)(+)	(+)(+)(+)(+)
Ergebnisse	(–)	(+)	(+)(+)	(+)(+)(+)	(+)(+)(+)(+)
Definitionen, Untersuchungsdesigns	(–)	(+)	(+)(+)	(+)(+)(+)	(+)(+)(+)(+)
Berufsfeldbezug	(–)	(+)	(+)(+)	(+)(+)(+)	(+)(+)(+)(+)
Stil und Sprachregeln	(–)	(+)	(+)(+)	(+)(+)(+)	(+)(+)(+)(+)
Literaturbearbeitung und Zitierweise	(–)	(+)	(+)(+)	(+)(+)(+)	(+)(+)(+)(+)
Gliederung	(–)	(+)	(+)(+)	(+)(+)(+)	(+)(+)(+)(+)
Eigenständigkeit	(–)	(+)	(+)(+)	(+)(+)(+)	(+)(+)(+)(+)
Darstellungen und Verzeichnisse	(–)	(+)	(+)(+)	(+)(+)(+)	(+)(+)(+)(+)
Reinschrift	(–)	(+)	(+)(+)	(+)(+)(+)	(+)(+)(+)(+)

Tab. 48: Formalisierte Beurteilungskategorien

70 Vgl. Jäger 2007, S. 219–236

Eine weitere Möglichkeit eines Beurteilungsrasters, in welchem die Teilaspekte beispielsweise mit Noten beurteilt werden, könnte folgendermaßen aussehen:

Aspekte	Detailkriterien	1–5
Formale	Formatierung/Layout	
	Umfang	
	Verzeichnisse	
	Abbildungen/Tabellen	
	Zitation	
	Gliederung	
	Aufbau	
Sprachliche	Rechtschreibung	
	Grammatik	
	Zeichensetzung	
	Fachbegriffe	
	Ausdruck	
Argumentative	Theoretische Grundlegung	
	Aktuelle Literatur/Forschungsergebnisse	
	Wissenschaftlicher Diskurs/Argumentation	
	Keine Redundanzen	
Methodische	Forschungsfrage(n)/Hypothese(n)	
	Forschungsdesign	
	Adäquate Forschungsmethoden	
	Datenerhebungsinstrumente	
	Datenanalyse	
	Darstellung der Ergebnisse	
	Interpretation und Reflexion der Ergebnisse	
Allgemeine	Eigenständigkeit	
	Berufsfeldbezug	
	Problembewusstsein	
GESAMT		

Tab. 49: Beurteilungsraster

7.4.2 Beurteilungskriterien der Defensio

Zweck der Defensio ist die Darlegung der Kernaussagen und der Nachweis der Eigenständigkeit der Abfassung der Bachelorarbeit. Dabei sind (1) die Erkenntnis leitenden Interessen, (2) die Forschungsfrage(n), (3) die Genese, (4) im Rahmen eines kurzen Abrisses der Gesamtproblematik die Problemzonen und (5) die Ergebnisse der Arbeit aufzuzeigen. Die Defensio gibt der Kandidatin bzw. dem Kandidaten die Möglichkeit zu zeigen, dass sie bzw. er sich in den Fachbereichen, denen die Themenstellung zuzurechnen ist, einer wissenschaftlichen Diskussion stellen kann und dabei zur speziellen Themenstellung Perspektiven darlegen und begründen kann. Die Defensio soll möglichst anschaulich erfolgen, alle verwendeten Methoden und Medien haben aber im Dienst des oben angeführten Ziels zu stehen und nicht Selbstzweck zu werden. Im Rahmen der Defensio hat sich die Prüfungskandidatin bzw. der Prüfungskandidat auch den kritischen Fragen der Kommissionsmitglieder zu stellen. Im Allgemeinen wird der Zeitrahmen für die Abhaltung einer Defensio zwischen 20 und 30 Minuten betragen.

Die Kriterien zur Beurteilung der Defensio betreffen einerseits den Inhalt der Bachelorarbeit im Kontext der Fachbereiche, denen die Bachelorarbeit zuzurechnen ist, aber auch andererseits die Fähigkeit zur mündlichen Präsentation. Als Kriterien können daher die nachfolgenden Fähigkeiten angegeben werden (siehe Tab. 50).

(01)	Fähigkeit zur klaren, wissenschaftlich fundierten und didaktisch verantworteten Ausdrucksweise
(02)	Fähigkeit zum Aufspüren von Querverbindungen zwischen den Fachbereichen
(03)	Fähigkeit zu vernetztem Denken
(04)	Fähigkeit zur Herstellung von Praxisbezügen
(05)	Fähigkeit auf eventuell im Gutachten der Bachelorarbeit geäußerte Kritik einzugehen, indem die Behebung der Mängel im Gespräch nachgewiesen wird
(06)	Fähigkeit zur mündlichen Präsentation einer komplexen schriftlich abgehandelten Fragestellung

Tab. 50: Kriterien für die Beurteilung der Defensio

Das Ergebnis der Defensio ist in die Gesamtbeurteilung der Bachelorarbeit mit einzubeziehen. Eine positive Gesamtbeurteilung der Bachelorarbeit inklusive Defensio stellt den erfolgreichen Studienabschluss dar.

8 LITERATURVERZEICHNIS

AMERICAN PSYCHOLOGICAL ASSOCIATION (2009): *Publication manual of the American Psychological Association* (6th ed., 1st print). Washington, DC: American Psychological Assoc.

BACHMANN, Gerhild (2005): Wissenschaftliche Quellen recherchieren. In: STIGLER, Hubert, REICHER, Hannelore (Hrsg.): *Praxisbuch Empirische Sozialforschung in den Erziehungs- und Bildungswissenschaften* (S. 36–42). Innsbruck: Studienverlag

BÄNSCH, Axel (2003): *Wissenschaftliches Arbeiten. Seminar- und Diplomarbeiten* (8., durchgesehene und erweiterte Auflage). München: Oldenbourg

BECKER, Georg E. (2007): *Unterricht planen*. Weinheim: Beltz

BOHL, Thorsten (2006): *Wissenschaftliches Arbeiten im Studium der Pädagogik* (2. Auflage). Weinheim: Beltz

BRINK, Alfred (2005): *Anfertigung wissenschaftlicher Arbeiten* (2., völlig überarbeitete Auflage). München: Oldenbourg

BÜNTING, Karl-Dieter, BITTERLICH, Axel, POSPIECH, Ulrike (2000): *Schreiben im Studium: mit Erfolg. Ein Leitfaden*. Berlin: Cornelsen

ECO, Umberto (2003): *Wie man eine wissenschaftliche Abschlussarbeit schreibt*. Im Original u.d.T.: Come si fa una Tesi di Laurea (10. Auflage). Übersetzt von Walter Schick, Nachdruck der 6. Auflage von 1993. Heidelberg: Müller

FÜRSTLER, Gerhard, GSCHWANDTNER, Gabriele, KEMETMÜLLER, Eleonore, SAMAC, Klaus (2007): *Die Fachbereichsarbeit in der Gesundheits- und Krankenpflegeschule* (4., aktualisierte Auflage). Wien: Facultas

HOCHSCHUL-CURRICULAVERORDNUNG: BGBl. 2006/495: Hochschul-Curriculaverordnung (HCV) vom 21. Dezember 2006

HOCHSCHULGESETZ 2005: BGBl. 2006/30: Bundesgesetz über die Organisation der Pädagogischen Hochschulen und ihre Studien vom 13. März 2006

HÖGE, Holger (2006): *Schriftliche Arbeiten in Studium und Beruf. Ein Leitfaden* (3., überarbeitete und erweiterte Auflage). Stuttgart: Kohlhammer

JÄGER, Reinhold S. (2007): *Beobachten, beurteilen, fördern! Lehrbuch für die Aus-, Fort- und Weiterbildung*. (Erziehungswissenschaft, 21) Landau: Verlag Empirische Pädagogik

KARMASIN, Matthias, RIBING, Rainer (2007): *Die Gestaltung wissenschaftlicher Arbeiten* (2., aktualisierte Auflage). Wien: Facultas

MEYER, Hilbert (1994). *UnterrichtsMethoden II. Praxisband*. Frankfurt a. Main: Cornelsen Scriptor

RÖBKEN, Heinke (2006): Managementkonzepte in der Schulentwicklung. Eine Modeerscheinung? *Zeitschrift für Erziehungswissenschaft* (2), S. 255–271

ROSSIG, Wolfram E., PRÄTSCH, Joachim (2006): *Wissenschaftliche Arbeiten – Leitfaden für Haus- und Seminararbeiten, Bachelor- und Masterthesis, Diplom- und Magisterarbeiten, Dissertationen* (6., erweiterte Auflage). Weyhe: Teamdruck

THEISEN, Manuel R. (1993): *Wissenschaftliches Arbeiten. Technik – Methodik – Form* (7., überarbeitete und aktualisierte Auflage). München: Vahlen

THEISEN, Manuel R. (2006): *ABC des wissenschaftlichen Arbeitens*. München: Beck